Christian Dries

ad Günther Anders

Exerzitien für die Endzeit

Christian Dries

ad Günther Anders
Exerzitien für die Endzeit

Europäische Verlagsanstalt

Bibliografische Information der Deutschen Nationalbibliothek
Die Deutsche Nationalbibliothek verzeichnet diese Publikation in der Deutschen Nationalbibliografie; detaillierte bibliografische Daten sind im Internet über http://dnb.d-nb.de abrufbar.

Umschlaggestaltung und Satz: Christian Wöhrl, Hoisdorf
Foto: Günther Anders, s/w Fotografie auf der Bank sitzend, Literaturarchiv der Österreichischen Nationalbibliothek, Wien, Nachlass Günther Anders, Sign.: 237/L25
Signet: Dorothee Wallner nach Caspar Neher »Europa« (1945)

Printed in Germany

ISBN 978-3-86393-155-1

Auch als E-Book erhältlich, ISBN 978-3-86393-643-3

Informationen zu unserem Verlagsprogramm finden Sie im Internet unter
www.europaeischeverlagsanstalt.de

Inhalt

Einleitung: Zur Aktualität von Günther Anders

Einer der ersten von Günther Anders (noch unter seinem Geburtsnamen Stern) veröffentlichten Texte ist ein kurzer, programmatischer Aufsatz mit dem schlichten Titel „Aktualität“,[1] erschienen im zweiten Heft der nach eigener Aussage von Anders selbst 1924 in Berlin mitbegründeten, surrealistisch inspirierten Zeitschrift *Das Dreieck*.[2] Dort umreißt der frisch von Edmund Husserl promovierte Autor – im Duktus zwischen Heidegger und avantgardistischem Manifest schwankend –, was nach dem Krieg unter dem Namen „Okkasionalismus“ oder „Gelegenheitsphilosophie“ (AM 1, S. 20 f.) zu seinem Markenzeichen wurde:[3] „Goethe folgend, hatte ich mit dem Neologismus nichts Geringschätziges, nichts Unseriöses gemeint“, erklärt der 82-jährige im Rückblick, „vielmehr ein Philosophieren, das, und zwar aus philosophischen Gründen, von singularen empirischen Tatsachen ausging, sich gewissermaßen im Senkrechtstart in den Himmel erhob.“ (K, S. 342) Denn nicht das Allgemeine gilt Anders als das eigentlich Philosophiewürdige. Es seien vielmehr gerade die konkreten und alltäglichen Dinge (die „haecceitates“), die uns durch ihre Kontingenz, die „Beliebigkeit ihrer Faktizität, durch die absolute Unvorhergesehenheit und Unableitbarkeit ihres Da- und Soseins“ in die Philosophie regelrecht „hineinzerren oder hineinjagen“ (AM 1, S. 24). Die traditionelle Unterscheidung „zwischen philosophisch salonfähigen und ‚nur empirischen‘ partikularen Tatsachen“ sei demgegenüber beliebig, „mithin unphilosophisch“ (K, S. 342). Losgehen müsse der Philosophierende immer „auf etwas Spezifisches, auf etwas vom Grund Verschiedenes, eben auf etwas, dem er auf den Grund geht", heißt es in der *Antiquiertheit des Menschen* (AM 1, S. 23). Heraus kommt bei diesem, unüberhörbar von militärischer Rhetorik begleiteten Verfahren „eine hybride *Kreuzung von Metaphysik und Journalismus:* ein Philosophieren nämlich, das die heutige Situation, bzw. charakteristische Stücke unserer heutigen Welt zum Gegenstande hat" (AM 1, S. 20). Wie bei seinem akademischen Lehrer gilt auch bei Anders: „Die Sachen selbst sind ausschlaggebend." (AM 1, S. 27) Doch seien diese heute oft nicht mehr klassische *phainomena.* Was Anders in seinem Werk insbesondere seit den 50er Jahren an ‚charakteristischen Stücken' in Augenschein nimmt, sind zum einen (damals) jeweils absolut neuartige und philosophisch unergründete Gerätschaften und Produkte wie Fernsehapparate, Sitcoms oder Atombomben. In den Blick rückt zum anderen aber auch „der opake und beunruhigende Charakter dieser Stücke selbst" (AM 1, S. 20), die sich nach Anders nun gerade dadurch auszeichnen, dass ihr Aussehen nicht mehr verrät, was sie eigentlich anrichten können – ein Hauptmerkmal heutiger ‚Sachen' (man denke gegenwärtig etwa an Smartphones oder Suchmaschinen).

Schon ganz am Beginn seiner Karriere als philosophischer Autor findet Anders für diese grundlegende Ortsbestimmung seines Denkens die Formel von der „Zwischenposition" zwischen Philosophie und Journalismus. Das „gegenseitige Mißverstehen und Verachten" beider Seiten müsse überwunden werden, ohne in die „Popularphilosophie" abzugleiten, schreibt er im *Dreieck.*[4] Die „Philosophie der

Aktualität", die ihm vorschwebt, soll „gleichzeitig theoretisch, das heißt sehend, und in aktu [sic], d.h. im Schwunge, gleichzeitig philosophisch und aktuell sein."[5] Ihre eigentliche Schwierigkeit, zugleich ihr Reiz, liegt darin, dass das Heute, das sie ins Visier nimmt, „die Begriffsbildung der Philosophie nicht an[erkennt]", da diese dem Aktuellen hinterherhinke, während die Philosophie für gewöhnlich das Heute nicht als ‚Problem' anerkenne. Mehr noch: Würde sie es tun, wäre das ‚Problem' „schon wieder entaktualisiert und das Heute wendete sich ab, weil der Philosoph zwar Bescheid verspricht, aber erst für morgen."[6] Damit einher geht für Anders die Notwendigkeit, „vorzudringen zu einer Terminologie, die für die Aktualitäten originär ist" – eine Frage, die ihn ein Leben lang beschäftigte. Wenn es nämlich „stets das Schicksal neu gesehener Phänomene [ist], daß sie mit nur altem Rüstzeug zuerst bearbeitet werden können",[7] dann gilt es nach Anders, das alte „Rüstzeug" schrittweise zu modifizieren, ja gleichsam unterwegs neu zu *erfinden*, und zwar in etwa so, wie die künstlerischen Avantgarden seiner Zeit, von denen Anders sich methodisch inspirieren ließ, eine neue Bildsprache oder Erzähltechnik.[8]

Es ist eben diese Haltung, mit der Anders später an Gegenstände wie die Atombombe herantritt. So ist gleich eingangs des Kapitels „Über die Bombe und die Wurzeln unserer Apokalypseblindheit" im ersten Band der *Antiquiertheit* von der Atomwaffe als „terra incognita" die Rede, einem Gelände, auf dem man sich zunächst „herumtreiben", auf dem man Umwege machen müsse, um durch diese Art philosophische „Landstreicherei" schließlich einen ersten, *vorläufigen* „Rundblick" zu gewinnen (AM 1, S. 261). Im Folgenden macht Anders dann aus der Not, das ‚Wesen' der Bombe mangels adäquater Begriffe nicht ‚positiv' bestimmen zu können, die philosophische Tugend, sie – analog zur negativen Theologie – dadurch zu fassen, dass er sagt, was sie (im Vergleich zu anderen Mitteln) *nicht* ist. Auf diese Weise gelingt ihm in seinem schlanken Essay, was Karl Jaspers zwei Jahre später in *Die Atombombe und die Zukunft des Menschen*[9] auf 500 Seiten missglückt: Das Neue zu denken, ohne in alte Kategorien zu verfallen. Letzteres würde die bloß behauptete Neuheit performativ konterkarieren – ein Vorwurf, den Maurice Blanchot gegen Jaspers' „beinahe maßloses Buch" erhebt: Obwohl er angesichts der Bombe von der Notwendigkeit einer existentiellen Wandlung spreche, habe sich bei Jaspers „nichts verändert – nichts in der Sprache, nicht im Denken oder in den politischen Formulierungen, die im Zusammenhang mit zeitlebens feststehenden Ansichten [...] beibehalten und sogar zugespitzt werden."[10] Wie sollte man ihm seine Erschütterung abnehmen, fragt Blanchot rhetorisch, wenn Jaspers „ohne Infragestellung oder Veränderung an derselben spekulativen Konzeption festhält, zu der er sich veranlasst sah, lange bevor er sich des einzigartigen Ereignisses, der unmittelbar bevorstehenden Möglichkeit einer Weltkatastrophe bewusst wurde, jener schrecklichen Neuerung, deren Bewusstsein uns grundlegend verändern und von der ausgehend eine andere Geschichte beginnen müsste"?[11] Vorausgesetzt also, die Antwort auf die Bombe könne nur „ein radikal neues Denken" finden – wieso findet Jaspers dann keine neue Sprache? Antwort: Weil er, so Blanchot, die Bombe mit der Gefahr des (kommunistischen) Totalitarismus gleichsetze und damit die eigene These vom „entscheidenden Wendepunkt" ruiniere.[12]

Um dieser Gefahr zu begegnen, hält Anders, wie schon im *Dreieck* annonciert, stets an der „‚Vorläufigkeit' der begrifflichen Benennung jedes jeweiligen Heute" fest.[13] Es ist „dieses Sprachproblem", zu dem außerdem der Anspruch zählt, im eigenen Denken und Schreiben auch ‚gewöhnliche Leute' zu adressieren, das für Anders „sehr im Vordergrund" steht, wie er in einem späten Interview betont.[14] Dem Bekenntnis liegt freilich weder ein Ausweichmanöver in die bloß oberflächliche, anekdotische Befassung mit dem Gegenstand zugrunde noch eine Absage an das Niveau akademischer Philosophie. So flicht Anders in späteren Schriften immer wieder akademische Exkurse, „Abschweifungen" und Anmerkungen in die gelegenheitsphilosophische Analyse ein (AM1, S. 20–27). Und schon in jungen Jahren will er die Vorläufigkeit seines Zugriffs auf die ‚heutigen Sachen' nicht als schlechte Zwischenlösung verstanden wissen, sondern teleologisch als eine Art „Vorlauf" – mit zweifachem Anspruch auf „Richtigkeit": Erstens, „jemanden (das Publicum) auf das Neue heutige richten; das Plakat ist in diesem Sinne richtiger als das Gemälde." (Weil es, mit dem Anders der *Antiquiertheit* gesprochen, methodisch übertreibt.) Zweitens soll die Darstellung „Richtung geben: der Zeigefinger zeigt nicht nur, *wo* etwas *ist*, sondern wo etwas sein *soll*."[15] Richtig meint hier also nicht ‚objektiv richtig'; dieser Anspruch wird als verfehlt zurückgewiesen. Gesucht wird die ‚Sache', in der sich das Heute in verdichteter Weise ausdrückt (auch wenn man ihr das nicht auf den ersten Blick ansieht): „Ist etwas als Heutiges identisch mit dieser Heutigkeit – die begrifflich nicht fixiert werden kann –, so daß es typisch für sie ist, so sieht man durch es hindurch das Heute. Es kommt nun darauf an, aus dem, was der Strom des Heute mit sich trägt, derart Typisches herauszusichten, daß es schon nicht mehr ‚typisch' im Sinne von ‚durchschnittlich' ist, daß es schon a-typisch ist."[16] Richtig ist nach Anders ferner, dieses Typisch-atypische, ist es einmal ‚herausgesichtet', in aller Vorläufigkeit klar und scharf zu konturieren, also ein beherztes, ja provozierendes Urteil zu fällen darüber, wie es als Heutiges im Heute einzuordnen ist, sich zu ihm verhält, das Heute ausdrückt und zugleich prägt.[17]

Hier kommt bereits ein weiterer, für Anders' Philosophieren grundlegender Gedanke ins Spiel: Objektivität sei nämlich schon deshalb nicht zu erreichen, weil das Heute kein Gegenstand im herkömmlichen Sinne – kein „Gegenüberstand" – sei,[18] sondern ein „Umstand", also etwas, in dem wir uns je selbst befinden und das wir, wollten wir es ‚objektivieren', umgehend „entheutigen" würden. Daher sei es „wichtiger, den eigentlichen Bezug, den das Heute als sich erkennendes zu sich hat, motivisch zu verstehen, als sich kritiklos in eine falsche Objektivität hineinzusteigern."[19] Nicht zu große Nähe ist also das Problem, nicht der vermeintlich beliebig-alltägliche, bloß subjektive Standpunkt. Umgekehrt sei das Heute, so der junge Anders gut heideggerianisch, „die apriorische Bedingung seiner eigenen Erkenntnis. Das [...] Faktische, das Darinstehen im Faktischen, ist – und dies ist rein theoretisch gemeint – Bedingung des Theoretischen. Nicht das interesselose Wohlgefallen, sondern das ‚Inter-esse', das Darin-Sein, gibt Objektivität."[20] Wer die Signatur der Zeit – die Zeit-Schrift – lesen wolle, dürfe also nicht „wie der Passant am Straßenrand"[21] stehen (Heideggers „Man" lässt grüßen). Damit rückt schließlich das Verhältnis des Erkennenden zu seinen Erkenntnisgegenständen in den Blick und das bedeutet, die Art und Weise, wie dieser selbst durch den Erkenntnisvorgang „modifiziert" wird: Die „Selbstinterpretation des Heute" sei nicht bloß Spiegel, „sondern auch Faktor, ‚Macher', denn die theoretische Interpretation macht eben praktisch den Reflektierenden zu einem anderen."[22] Wie das Auge, dass sich beim Sehen nicht selbst beobachten kann, ist die Erkenntnis dessen, was das Heute ausmacht, für Anders ein Daseinsvollzug, aus dem man nicht herausspringen kann, aber eben auch nicht muss – im Gegenteil: „Das Auge lernt sich kennen im aktuellen Sehen, im Sehen *anderer* Dinge, nicht im sich Ansehen."[23] (Hier klingt bereits das aktivistische Motiv an, das bei Anders nach 1945 voll durchschlägt. Man will – in diesem Fall mit der neu gegründeten Zeitschrift – eben nicht nur den Blick „auf das Neue heutige richten", sondern auch etwas *ausrichten.*) Die daraus folgende Erkenntnis „ist nicht schlecht, weil sie nicht endgültig ist; sie will nicht endgültig sein, sondern vorläufig; das Subjekt will im ‚*Vorlauf*' sich selbst hin und wieder sehen, um zu wissen, wo es steht."[24] Abermals weist der frühe Aufsatz auf das Spätwerk voraus: Wenn Anders in der *Antiquiertheit* davon spricht, dass uns die Technik gleichsam entlaufen sei und wir sie daher „wie [...] eine ausgeworfene Leine" wieder einzuholen hätten (AM 1, S. 304), dann setzt der junge Anders darauf, dass dies prinzipiell auch möglich ist – sofern man das passende „Rüstzeug" und die richtige theoretische Einstellung mitbringt: „wie der Kutscher: die Pferde der Zeit *sehend* und doch im gleichen Tempo fahrend."[25] Was dieser Kutscher sieht, ist in Anders' Aufsatz kein Thema. Von seiner reichen Bildsprache, den Elementen direkter Rede und impliziten Bezugnahmen auf beziehungsweise Spitzen gegen die akademische Schulphilosophie, gegen Heidegger, Simmel, Hegel, Lebens- und Kulturphilosophie abgesehen – Stilelemente, die auch spätere Schriften kennzeichnen –, bleibt der Text im Kern rein programmatisch, auf der Ebene der Methode. Er will „nur Anweisungen"[26] für die Kutschfahrt ins Heute geben; spezifische Inhalte transportiert er nicht.

Die Aktualität, die Anders 1924 fordert und beschwört, hat er selbst später nachdrücklich eingelöst. Doch was schon früh für den Anspruch ans eigene Philosophieren gilt, galt lange Zeit nicht mehr für den philosophischen Autor. Seine Aktualität schien längst verblasst. Als akademischer Außenseiter fand er – im Gegensatz zu seinem Studienfreund Hans Jonas oder seiner ersten Frau Hannah Arendt – keinen Eingang in den universitären Betrieb,[27] während seine durchaus populäre These von der Antiquiertheit des Menschen gegenüber der Technik „mitunter zum Schlagwort oder zur nichtssagenden Handformel" herunterkam.[28] Das Etikett des ‚Atom-Philosophen' und das Zerrbild des Untergangspropheten wurde er am Ende nicht mehr los, ja, man unterstellte dem bekennenden Atheisten einen geradezu religiösen Eifer.[29] Das hat sich inzwischen geändert, wie zahlreiche Übersetzungen seiner Werke in viele Sprachen, die stetig wachsende Zahl wissenschaftlicher Veröffentlichungen und Tagungen belegen; seit 2012 gibt es zudem eine Internationale Günther Anders-Gesellschaft, die seit einigen Jahren sogar einen Anders-Preis verleiht.[30] Diskutiert wird Anders heute wieder, weil die „Grundformel"[31] seines Denkens, die These vom „prometheischen Gefälle", das heißt von der Kluft zwischen unserem Herstellungs- und Vorstellungsvermögen, zwischen Tun und Fühlen, Wissen und Gewissen, Maschine und menschlichem Leib, aufschließenden Charakter für zentrale Gegenwartsfragen hat. Ob in der Anthropozändebatte oder im Digitalisierungsdiskurs, in der Technikphilosophie, der Medientheorie und den Cultural Studies, der Literaturwissenschaft, der Pädagogik oder der angewandten Ethik, im posthumanistischen und (post-) apokalyptischen Denken, in der Theorie der Migration und des Antisemitismus – Günther Anders ist wieder aktuell.[32] Und das nicht obwohl, sondern wahrscheinlich gerade weil er *erstens* „bei offener Tür philosophiert" – nämlich „um, wenn nötig, unverzüglich ins Freie rennen und irgendwo draußen mit Hand anlegen zu können" (PS, S. 5), aber auch, um seine Leserinnen und Leser in die eigene Denkwerkstatt blicken und an seinen methodologischen Reflexionen teilhaben zu lassen, das heißt um sie selbst zur Kutschfahrt ins Heute zu befähigen; weil er sich *zweitens* an der „Frontlinie der Aktualitäten" (AM 1, S. 27) bewegt, sich also mit den ‚Sachen' befasst, die uns alle in eminenter Weise angehen, und weil er *drittens* „schwer klassifizierbar"[33] bleibt, das heißt, sich in seinen Texten nicht nur unterschiedlichster literarischer Genres bedient, sondern auch unbekümmert Fachgrenzen überschreitet, vornehmlich zwischen Philosophie, Soziologie und (Sozial-)Psychologie, positiv formuliert: weil er tatsächlich interdisziplinär zu denken versucht. „Der wirklich Philosophierende treibt sein Handwerk auch dann weiter, wenn er in actu seiner Arbeit nicht weiß, ob er nicht die erlaubte Grenze des Speziellen überschritten hat", heißt es in der *Antiquiertheit* (AM 1, S. 26).

Vor diesem Hintergrund liegt Günther Anders' eigentliche Aktualität, denke ich, weniger in den konkreten Inhalten – das auch, denn viele Anders-Texte lesen sich, als wären sie für unser Heute geschrieben –, sondern vielmehr in seiner spezifischen Methode. Sie nährt sich aus einer zentralen Einsicht, die Anders der „Grundformel"[34] seines Denkens abgewinnt: Weil das prometheische Gefälle zwischen Mensch und Technik uneinholbar groß geworden sei, gelinge es uns nicht mehr, die Gefahr, in die wir uns damit selbst gebracht haben, überhaupt wahrzunehmen. Unsere menschlichen Grundvermögen – Verstand, Urteilskraft, Gefühl usw. – seien dem gegenwärtigen „Weltzustand Technik" (AM 2, S. 9) nicht mehr gewachsen. Es ist dieses Problem – unsere buchstäbliche Fassungslosigkeit, über die wir bis heute viel zu wenig irritiert sind –, auf das Anders' Philosophieren nach der „Kehre" vom 6. August 1945 (MW, S. XI) nicht nur *inhaltlich* abzielt, sondern mit der permanenten Reflexion seines eigenen philosophischen „Rüstzeugs" auch *methodologisch*. Fündig wird man diesbezüglich neben einigen verstreuten Stellen in den philosophischen Hauptwerken (siehe beispielsweise die

„Methodologischen Nachgedanken“ im zweiten Band der *Antiquiertheit*), den Fabeln (BT) sowie in unveröffentlichten Nachlasstexten[35] vor allem in Anders' Arbeiten zu Kunst und Film, zu Bertolt Brecht, Alfred Döblin, George Grosz, John Heartfield oder den Surrealisten. Alle diese Texte stehen für sich, sind aber zugleich ein umfangreiches methodisches Importgeschäft und als substanzieller Werkbestandteil Ausdruck jenes grundlegenden Problems, das Anders schon 1924 formulierte: Wie lässt sich das Heute in seinem Sosein begreifen, wenn die Philosophie es stets mit überkommenem Vokabular, mit (vermeintlich) überzeitlichen Kategorien und universalistischem Anspruch traktiert und es auf diese Weise – die Eule der Minerva beginnt ihren Flug bekanntlich erst mit hereinbrechender Dämmerung – gerade ‚entheutigt‘? Dabei geht es Anders jedoch nicht bloß um treffende Begriffe. Die Darstellung des heute Charakteristischen darf nicht nur in philosophisch elaborierte Analysen ‚vorlaufen‘, sie soll zugleich und zuvorderst unser prometheisches Unvermögen, die Technik angemessen zu begreifen, als gegenwärtiges Grundübel *spürbar* machen. An Karola Bloch schreibt Anders am 30. Juli 1967 über sein Breslau-Tagebuch (BH): „Wenn dieses Buch überhaupt für jemanden geschrieben worden ist, so gewiss nicht für diejenigen, die effektiv gelitten haben und weiter zu leiden verstehen, sondern für diejenigen, die leidensunbegabt oder -unwillig sind. Die freilich sollen verletzt, oder wie Sie schreiben: ‚blutig geritzt‘ werden.“ (BW, S. 159) Eine Einschätzung, die sich mühelos auch auf Anders' Hauptwerk und die meisten anderen Schriften übertragen lässt. Mit provozierenden Mitteln, die er weniger der Phänomenologie oder Heideggers Daseinsanalyse, sondern vor allem der bildenden Kunst, der Literatur und dem Theater der 1920er und 30er Jahre entlehnt, will Anders seine Leserinnen und Leser dazu bringen, ihre auf groteske Weise verkehrte Welt – *„die Subjekte von Freiheit und Unfreiheit sind ausgetauscht. Frei sind die Dinge: unfrei ist der Mensch*" (AM 1, S. 48) – als solche zu erkennen, damit sie sich schließlich – begrifflich und emotional – wieder auf deren Höhe begeben können. Die These des ontologischen Platzwechsels von Mensch und Technik fungiert dabei als hermeneutischer Generalschlüssel. Das methodische Inversionsprinzip offenbart, dass nicht nur wir die Technik nutzen; nicht selten benutzt *sie* vor allem uns; dass wir nicht Kunden sind, sondern unbezahlte Angestellte (etwa der großen Tech-Konzerne, die wir kostenlos mit unseren Daten füttern), dass die Technik uns nicht die Welt ins Haus bringt, sondern entzieht (etwa in Form des animatronischen Illusionstheaters oder eines virtuellen ‚Metaversums').[36]

Der beschwerliche Weg zu diesen und ähnlichen Einsichten ins jeweils Heutige, Aktuelle, lässt sich Anders zufolge nur mit Hilfe einer jeweils adäquaten Sprache, jeweils treffender Begriffe bahnen und darüber hinaus nicht bloß im nüchtern-temperierten Denken, sondern auch mit den Mitteln der methodischen Übertreibung, der Dichtung und nicht zuletzt der „moralischen Phantasie" (AM 1, S. 301–306), das heißt einer Art Präventivdenken und -fühlen möglicher katastrophischer Zukünfte. All dies sind Anders' Exerzitien für die Endzeit, für das (Über-)Leben in einem von atomaren Bedrohungen und hausgemachten Umweltkatastrophen geprägten „Weltzustand Technik".[37] Ihr Ziel ist – anders als das der jesuitischen Selbsttechnologien, auf die Anders anspielt – nicht die Erhebung der individuellen Seele, also nicht bloß „die Rettung des Authentischen, Individuellen, Konkreten und Diversen", die Anders in allen seinen Arbeiten und als politischer Aktivist „in entschiedener Opposition gegen jede Art von Konformismus, Kommerzialisierung und Phantomisierung" (das heißt der Auflösung der Welt im Fernsehbild) zweifellos verfolgte.[38] Im Vordergrund steht immer das menschliche Verhältnis zur Welt, in die das Individuum eingebettet oder die ihm fremd geworden ist. An diesem Punkt treffen sich bei Anders Anthropologie, Technikphilosophie und Gesellschaftskritik, Husserl, Heidegger, Simmel, Plessner und Marx. Wie Hannah Arendt empfand auch Anders eine beinahe romantische Liebe zur Welt (Amor mundi), die sich in seinem Fall jedoch vor allem als Sorge um deren Fortbestand ausdrückte: „Ich habe Angst um die Welt".[39] Auch damit dürfte er heute wieder ziemlich aktuell sein.

Günther Anders war, wie Kerstin Putz und Reinhard Ellensohn in ihrem Nachwort zur jüngsten Nachlassedition bedeutender Briefwechsel treffend formulieren, ein „leidenschaftlicher *philosoph engagé*, der zwei philosophische Hauptströmungen des 20. Jahrhunderts in sich vereinte: die phänomenologisch-ontologische bzw. existenzphilosophisch-anthropologische Linie auf der einen, die materialistisch-marxistische Dialektik und Kulturkritik auf der anderen Seite."[40] Die hier versammelten Aufsätze befassen sich mit beiden Facetten dieses eminent engagierten Philosophierens und sind so arrangiert, dass sie zugleich die von Anders selbst im

Nachhinein konstatierte „*Systematik après coup*" (AM 2, S. 11), den roten Faden seines breit gefächerten Œuvres, sichtbar zu machen versuchen. Die binnen einer Dekade erarbeiteten Lektürewege, von denen die folgenden Texte Auskunft geben, führen dabei – auch das eine Art Systematik après coup – immer wieder zum selben Punkt zurück: Günther Anders' Methode. Ohne sie im Hinterkopf zu haben, muss vieles, was Anders geschrieben und in Interviews geäußert hat, überzogen, anmaßend, bisweilen abstoßend oder mindestens antiquiert erscheinen; ohne ihre Elemente und Ursprünge zu kennen, lässt sich sein Denken nicht richtig einordnen, vor allem aber: nicht aktualisieren. Wer Anders' Kerngedanken und seine griffigen Thesen zur modernen Technik, zum Fernsehen oder zur Atombombe unumwunden auf unser gegenwärtiges Heute ‚anwenden' will, verfehlt eben diesen, für Anders zentralen Punkt: dass es darauf ankommt, jenem philosophischen Kutscher zu gleichen, den Anders in seinem frühen Aufsatz über Aktualität zum Vorbild wählt: „Der *sitzt hinter* den Pferden, aber er *steht ihnen vor.* Im Wagen sitzen, dennoch die Pferde sehen, und nicht nur sehen, sondern von ihnen gezogen werden und nicht nur gezogen werden; bei jeder Biegung mit in Gefahr sein, da man die Gefahr mitverantwortete. Das soll versucht sein."[41]

Alle für den vorliegenden Band ausgewählten Texte wurden gründlich renoviert, das heißt teils stark umgearbeitet und erweitert, teils (um – leider nicht ganz vermeidbare – Redundanzen zu reduzieren) gekürzt, auf den neuesten Stand gebracht und wo nötig korrigiert. Der Beitrag zu Macht, Herrschaft und Gewalt basiert auf zwei inhaltlich verwandten Aufsätzen, die hier zu einem Text zusammengeführt sind. Die Drucknachweise finden sich am Ende des Bandes. Hervorhebungen in Zitaten entsprechen, wenn nicht anders gekennzeichnet, denjenigen des Originals.

Freiburg, im Dezember 2022

Wie man philosophische „Schreckbilder" malt. Zu Günther Anders' Theoriebegriff und Methode

Seit den Anfängen philosophischen Denkens ist die Frage nach der Wirklichkeit und Wirkmächtigkeit von Theorie nicht minder virulent als die theoretische Reflexion von Wirklichkeit und Praxis.[1] Zur Gretchenfrage zugespitzt wurde sie im Zeitalter der Industrialisierung und des Pauperismus, als die geistigen Erben der Aufklärung die Realität entfremdeter Verhältnisse mit dem emanzipatorischen Programm ihrer idealistischen Väter konfrontierten. „Was ist jetzt der Gegenstand der Kritik?", fragt Bruno Bauer im gleichnamigen Aufsatz von 1844[2] und liefert – in einem anderen Text – selbst die polemische Antwort: „Um doch etwas Großes zu haben, hat man neuerlich die Masse auf das Schild gehoben."[3] Bauer selbst hielt an Hegels Primat des Bewusstseins und der Wissenschaft, am dialektischen „Prinzip der Kritik und des Fortschritts" fest.[4] Sein einstiger Protegé und baldiger Kontrahent Karl Marx hingegen projizierte dieses Prinzip in die Masse und überbot Bauer „und Consorten" wenig später in seinen Thesen „ad Feuerbach" mit dem wohl meistzitierten Aphorismus der Philosophiegeschichte: „Die Philosophen haben die Welt nur verschieden interpretiert, es kömmt drauf an, sie zu verändern."[5] Verstehen, deuten, kritisieren – schön und gut, heißt es bei Marx; was zählt, ist Praxis, nicht die reine Kritik, die von den junghegelianischen Diadochen Bauer'scher Provenienz als vermeintliche Fundamentalprovokation gegen Staat und Kirche geführt wurde und doch nie mehr sein konnte als die von Marx und Engels verhöhnte „kritische Kritik“: radikal, aber zahnlos, weil ohne jeden Effekt auf die verkehrten Verhältnisse, deren ‚Schleier‘ sie allein mit Worten (Marx und Engels: „Schwindeleien“) wegzureißen gedachte.[6] Die Praxis dieser Theorie war in den Augen des Autors der Feuerbach-Thesen ein Bauen von Gedankengebäuden ohne Mörtel und ohne Tür zur wirklichen Welt. „In der Praxis muß der Mensch die Wahrheit, i.e. die Wirklichkeit und Macht, Diesseitigkeit seines Denkens beweisen“,[7] schrieb Marx 1845 in sein Notizbuch. Wie jene Praxis genau aussehen könnte, blieb dabei (allerdings folgerichtig) unbestimmt.[8] Schon der junge Marx griff daher in seinen *Pariser Manuskripten* ersatzweise auf *poiesis* zurück.[9] Ein theoretischer Registerwechsel mit fataler Fernwirkung auf alle marxistisch-leninistischen Ideologen, deren Gedankengebäude, an polytechnischen Oberschulen errichtet, sich praktisch haltbarer zeigten, wenn man sie als stacheldrahtbewehrte Sozialtechnologie konzipierte. Den Bauschutt entsorgten jene, die den Gesellschaftsplanern der neuen Welt im Weg standen. Anschließend an die 11. Feuerbachthese formuliert: Wer im Geist hobelt, lässt die Späne im Gulag zusammenkehren. Glücklicherweise sind jene totalitären Großbaustellen (vorerst) Geschichte; den Kalten Krieg des vergangenen Jahrhunderts hat nur ein einziges Wirtschaftssystem überdauert. Dessen kommunistische Transformation, das heißt die Überführung der permanenten Revolution des Kapitalismus in eine Assoziation, „worin die freie Entwicklung eines jeden die Bedingung für die freie Entwicklung aller“ ist,[10] war das Ziel der von Marx propagierten praktischen Kritik der Verhältnisse. Materielle Voraussetzung und Motor der erhofften Umwälzung sollte die volle Entfaltung der kapitalistischen Produktivkräfte sein, vulgo: technologisches Know how.

Der Anthropologe, Sozialphilosoph und Technikkritiker Günther Anders, von Marx, Husserl und Heidegger gleichermaßen inspiriert, hat an dieser Stelle heftig widersprochen.[11] Zu Zeiten, in denen die Differenz von Theorie und Praxis qua angewandter Wissenschaft beziehungsweise Technologie, das heißt durch die Produktivkräfte selbst aufgehoben ist, wurde ihm die Interpretation der daraus resultierenden Veränderungen erneut zur ersten Philosophenpflicht, sprich zur kritischen Praxis *par excellence.* In seiner Glosse „Verändern genügt nicht“ aus dem Band *Visit beautiful Vietnam* von 1968 polemisiert er, Revolutionäres gebe es heute „in Hülle und Fülle“ (BV, S. 178), in erster Linie im Bereich der technologischen Entwicklung, die für Anders zur eigentlichen, Epoche machenden politischen Gewalt, zum „*Subjekt der Geschichte*“ (AM 2, S. 9) wird. Wie der Kapitalismus bei Marx ist bei Anders die Technik revolutionär, das heißt in beständiger Umwälzung, Veränderung und Erneuerung begriffen, was freilich nicht bedeutet, dass dadurch genuin politische Revolutionen obsolet wären. Im Gegenteil: „Nichts ist heute dringlicher als sie – wozu gehört, daß der Begriff von ‚Revolution‘, und zwar aufs revolutionärste, neu interpretiert werde“, mahnt Anders:

> Was heute fällig ist, mindestens ebenso fällig wie die Veränderung der Welt, ist die wirkliche Interpretation jener Veränderungen, die malgré nous,

auch im Lager unserer Gegner, vor sich gegangen sind und vor sich gehen. Wenn es uns gelänge, die Bewandtnis und die Effekte dieser Veränderungen (z. B. die Bewandtnis derjenigen ‚Entfremdungen', die nicht Eigentumsverhältnissen entspringen, sondern der Technik [...]) *wirklich zu deuten*, so würde gerade diese Deutung etwas ungleich Revolutionäreres sein und ungleich mehr ‚Aktion' darstellen, mindestens auslösen, als jene tausende von Aktionen, die die tägliche technologische Revolution unserer Welt ausmachen. Nur wenn wir diese technologische Revolution interpretiert haben werden, wird es wieder klar werden können, auf was die politische Revolution abzuzielen hat. Und das von neuem zu wissen, wäre revolutionär. Was wir vor allem nötig haben, ist Interpretation, d. h. Theorie, weil allein sie wirkliche Praxis möglich macht. Diejenigen, die sich damit bescheiden, in unserer heutigen sich täglich verändernden Welt blindlings und mit abgewetzten Begriffen weiterzuwurschteln, die sind um nichts weniger reaktionär als die von Marx bemängelten, die sich darauf beschränken, eine stationäre Welt mit täglich changierenden Kategorien anzuleuchten. *Praxis ohne Theorie* ist nicht minder stur und nicht minder leer, vielleicht sogar sturer und leerer, als *Theorie ohne Praxis.* (BV, S. 179)

Übertreibung und Montage

Auf den ersten Blick riecht Anders' Plädoyer für „wirkliche Interpretation" nicht nur für marxistisch geschulte Nasen, die hinter theoretischen Geltungsansprüchen ideologische Reinigungs- und Verfremdungsprozesse wittern, ziemlich verdächtig.[12] Einmal mehr scheint sich hier, ausgerechnet zur Hochzeit der Studentenrevolten, der Bürgerrechts- und Friedensbewegungen, ein Denker vom Getümmel der Welt in den klassischen *locus amoenus* der Philosophen zurückziehen zu wollen: auf das exklusive, a-politische Plateau der *vita contemplativa.* Doch eine solche Unterstellung träfe Anders nicht. Schon Heidegger hatte ihm in jungen Jahren vielmehr umgekehrt vorgeworfen, er wolle – für einen Philosophen unerhört! – in die Praxis „desertieren" (AM 2, S. 12). Im Laufe seines Lebens wurde Anders schließlich zur idealtypischen Verkörperung der Figur des engagierten Intellektuellen. Von den Nationalsozialisten 1933 aus dem Deutschen Reich vertrieben, bereits in den 20er Jahren durch den Kontakt zu Bertolt Brecht und zum marxistischen Milieu Berlins politisiert, mischte er sich nach seiner Rückkehr nach Europa 1950 über Jahrzehnte hinweg in politische Auseinandersetzungen um die atomare Wiederbewaffnung der BRD, den Vietnam-Krieg und die sogenannte ‚zivile Nutzung' der Atomenergie ein, schrieb Leserbriefe, Pamphlete, Grußworte und Protestadressen. Beide Register – politisches Engagement und philosophische Reflexion – sind bei Anders nicht voneinander getrennt. Im ZEIT-Interview mit Fritz J. Raddatz entgegnet er auf die Frage „Sie meinen also, daß Ihre Arbeit Praxis ist? Sie trennen nicht zwischen einem Ostermarsch und Ihrer schriftstellerischen Arbeit?" vehement: „So wenig wie zwischen Kochrezept und Schnitzelessen. – Glauben Sie vielleicht, nach Hiroshima sei ich ‚als Theoretiker' geflogen? Oder gar ,qua Theoretiker'?" (BR, S. 10) Und so geht es Anders nicht um eine Form von Deutung, die sich im Sinne der Marx'schen Kritik an den Junghegelianern einbildet, politisch maligne Verhältnisse durch deren „kritische Kritik", das heißt mit ausschließlich theoretischen Provokationen zu kurieren, um den Purismus der Kritik nicht zu beflecken. Leitziel aller theoretischen Anstrengungen ist auch für ihn die Veränderung eines als dringend veränderungsbedürftig diagnostizierten Weltzustands – freilich unter der Voraussetzung, dass das, was Revolution *unter den gegebenen historischen Bedingungen* eigentlich bedeutet respektive zu bedeuten hätte, erst noch, erst wieder zu klären ist. Theorie wird unter diesen Voraussetzungen zur propädeutischen Praxis, zur ersten und zugleich fundamentalen Stufe praktisch-revolutionärer Aktion.[13]

Doch die unablässige Rede von der Revolution klang in Anders' Ohren gerade 1968 hohl.[14] Es handelte sich für ihn seinerzeit um einen „abgewetzten", verselbständigten, abstrakten, und das bedeutet *ideologischen* Begriff (insofern Ideologiebildung mit Marx und Engels als Entfremdungsprozess verstanden wird, in dessen Verlauf sich Bewusstseinsgehalte von den materiellen Produktions- beziehungsweise Lebensbedingungen ablösen, um alsbald ein spukhaftes, abstraktes Eigenleben zu entfalten). Demgegenüber nimmt Anders, oft als eines von „Heidegger's children" klassifiziert[15] und von der Frankfurter Schule trotz zahlreicher theoretischer Konvergenzen[16] meist geschnitten, in seiner Glosse einen konsequent marxistischen Standpunkt ein. Die dreimalige Anrufung des Adjektivs *wirklich* verweist auf das Programm der materialistischen Geschichtsauffassung. Auch Anders will „von den wirklichen Voraussetzungen"[17] ausgehen, verbindet dazu aber Marxismus mit Phänomenologie zu einer kritischen Phänomenologie der technologischen Spätmoderne. Hinter dem Begriff ‚wirklich' stehen daher weniger die konkreten materiellen Verhältnisse und Praktiken der Menschen; er beinhaltet vor allem den phänomenologischen Impetus ‚zu den Sachen selbst'. Jedoch leben wir laut Anders längst nicht mehr im Zeitalter der *phainomena*, in dem wir die Dinge nach wie vor als ‚sich Zeigende' betrachten dürften. „Fast keinem Produkt ist anzusehen, wozu es da ist: Nicht nur *ihren Ursprung verschweigen sie also, sondern auch ihre Bewandtnis.* Fast keiner heutigen Maschine sieht man [...] ihren sie definierenden Effekt an." (AM 2, S. 472) So verrieten etwa die betongrauen Kuppeln der Atomkraftwerke ebenso wenig wie Zyklon-B-Dosen, „was sie ausrichten sollen und anrichten können" (AM 2, S. 472). Unlesbar sind die Dinge nach Anders für uns, „weil Technik so kompliziert geworden ist, daß ihr die Sinnlichkeit nicht mehr gewachsen ist (in der Tat ist *Technik heute ‚übersinnlich'*); oder deshalb, weil Maschinen kein auf Angeschautwerden berechnetes Aussehen mitgegeben wird, sondern so gebaut werden, wie es ihren Funktionen am besten entspricht, sie also gewissermaßen *nur nebenbei und zufälligerweise auch ‚aussehen'.*" (AM 2, S. 472)[18] Wirkliche Deutung heißt für Anders daher, das, was sich nicht mehr zeigt, was man nicht mehr sehen und – bei Anders zentral: nicht mehr *fühlen* kann, wieder wahrnehmbar zu machen, und dies ausdrücklich jenseits der Beschränkung auf das für Philosophen seit Aristoteles epistemologisch primäre Sehorgan.[19] Dazu bedarf es einer revidierten, gewissermaßen post-phänomenologischen, sozialkritisch angereicherten Methode, deren Resultate Anders in Anlehnung an John Heartfield, den Erfinder der politischen Fotomontage, „philosophische Übertreibungen" oder genauer „Entstellungen in Richtung Wahrheit" nennt (AM 1, S. 103).

Was ist darunter zu verstehen? Anders geht davon aus, dass gerade die vordergründig besonders monströsen technologischen und historischen Gegenstände beziehungsweise Sachverhalte wie die Atombombe oder die nationalsozialistische Judenvernichtung in der öffentlichen Wahrnehmung systematisch verharmlost, sozusagen untertrieben werden. Wenn dem so ist, gilt es nach Anders, die Verharmlosung und Bagatellisierung in der Darstellung wieder auszugleichen, indem man – in vergleichbarer Größenordnung – systematisch übertreibt (AM 1, S. 262). Deshalb erklärt Anders die Fantasie zur eigentlichen philosophischen Wahrnehmung von heute und die „prognostische Hermeneutik", ein vorausschauendes Verstehen, das die Wirkungen und Effekte eines Produkts beziehungsweise technischen Geräts vorwegnimmt, zu ihrem Werkzeug (AM 2, S. 474): „*Phantasie hat, da ihr Gegenstand: die phantastische Wirklichkeit, selbst phantastisch ist, als eine Methode der Empirie zu funktionieren, als Wahrnehmungsorgan für das tatsächlich Enorme.*" (BH, S. 39) Damit knüpft Anders programmatisch und kaum verhüllt an eine Kunstrichtung an, die er schon früh kenntnisreich besprochen hat: Im posthum veröffentlichten Manuskript „Was ist Surréalisme?" von 1934 sieht er die Absicht des surrealistischen Bildes darin, „dass der Beschauer zurücktrete, erschreckt und schockiert werde. Wodurch erschreckt: durch die Phantastik der Wahrheit." (KF, S. 152) Der Surrealismus ist Anders zufolge immer auch eine epistemologische Operation, die allerdings nicht bloß gedanklich, sondern mit künstlerischen Mitteln – und das meint bei Anders: letztlich besser als mit Worten – zeigt, dass und inwiefern die Welt heute „unübersehbar geworden ist und ‚unsere' Welt größer ist als ‚unsere sichtbare Welt'" (KS, S. 153). Demgegenüber gebe der Surrealist, „freischaltend und angeblich die Welt zerschlagend, [...] das Ereignis richtig wieder. Er rektifiziert die Welt, bringt sie optisch auf die Höhe ihres wirklichen, nicht nur optischen Bestandes." (KF, S. 154) Wie bei André Breton bedeutet das Begreifen der modernen Welt daher auch für Anders, sich der im herkömmlichen Bild der Realität nicht thematisierten Brüche, Hinter- und Abgründe der Wirklichkeit sowie unserer eigenen, stumpf gewordenen und verdrängten Empfindungen bewusst zu werden.[20] So erweist sich nicht der Surrealismus, sondern die Wirklichkeit selbst als zutiefst surreal – aber im Deckmantel der Normalität. Wer diesen abwerfen, wer wieder klarsehen will, muss die Wirklichkeit nach Anders deshalb in grellen, irritierenden, aufrührenden Farben malen. So liest der Kunstliebhaber von den programmatischen Äußerungen und Ausdrucksmitteln der Kunst seiner Zeit ab, was auch für den philosophischen Schriftsteller zur Herausforderung wird: „Denn was sollten, wenn das Aussehen der Welt und der Schein derart in Misskredit geraten waren, die bildenden Künstler tun, deren Leidenschaft sich ja schließlich auf das Aussehen der Welt wirft, und die doch von der unausgesprochenen Voraussetzung ausgehen, im Element des Scheins das ‚Sein' darstellen zu können." (KF, S. 222)

Weitere Vorbilder für methodische Übertreibung und prognostische Auslegung findet Anders abseits des Surrealismus und anderer Avantgarden der Klassischen Moderne auch in Bertolt Brechts Verfremdungseffekt oder Alfred Döblins polyphonem Großstadtroman *Berlin Alexanderplatz* (MW). Als seine methodischen Brüder im Geiste darf man jedoch insbesondere zwei bildende Künstler betrachten, die im Rahmen der Dada-Bewegung der 20er Jahre zeitweilig sogar eng zusammenarbeiteten: John Heartfield und George Grosz. Wie später Anders selbst geht Heartfield laut Anders von der „Unzulänglichkeit des menschlichen Auges" aus, schalte daher „*das Auge mit der Vernunft gleich*" und entstelle in seinen Collagen die Wirklichkeit so, dass sie aus seiner Sicht wieder richtiggestellt werde (MW, S. 175 f.). Indem Heartfield Phrasen, Lügen und Metaphern durch „überdeutliche Versinnlichung" karikiere, führe er sie ad absurdum, enthülle damit aber zugleich ihre verborgene (Un)Wahrheit. „*[E]rfinden, um zu entdecken*" (MW, S. 179), lautet Anders' Kurzformel für diese Technik, die einer methodologischen Selbstanzeige gleichkommt. In einer von (Propaganda-)Bildern ‚umstellten' Welt will Heartfield das Bild – nach Anders „Hauptverhängnis" unserer Zeit (AM 2, S. 277) – mit den für die Collage typischen Bildmitteln der „künstlerischen Destabilisierung"[21] bekämpfen; der schriftstellernde Philosoph versucht, es ihm gleichzutun. Daher der literarische, bildgewaltige Duktus seiner späteren Schriften, die Umbesetzung und gewollte Ambiguität der Begriffe (man denke an ‚Verfremdung' oder ‚Liquidierung'), die Vielfalt und Kombinatorik Anders'scher Prosa, in der sich das Montage-Prinzip Heartfields spiegelt. In der Darstellung ein und derselben Sache bedient er sich unterschiedlicher literarischer Gattungen, die er bei Bedarf ineinanderschneidet; von Gedichten und Erzählungen über Aphorismen, (sokratische) Dialoge, Tagebuchaufzeichnungen, Essays, Zeitungsartikel, politische Erklärungen und Manifeste bis hin zu philosophischen Abhandlungen reicht das breite Spektrum, das der Autor der *Antiquiertheit des Menschen* beherrscht. Immer wieder stilisiert oder konstruiert er Beispiele, um seine Thesen zu stützen, erfindet für seine jeweiligen Zwecke idealtypische Dialog- und Interviewpartner, zitiert eigene Fabeln oder verweist auf „molussische Hausregel[n]" (AM 2, S. 68), kurze Sentenzen und Aphorismen, die dem Kontext seiner antifaschistischen „Swiftiade" (MW, S. XXXIV) *Die molussische Katakombe* (MK) entstammen und seine philosophischen Argumente illustrieren sollen. Die mimetische Annäherung des Schriftstellers an den Bildkünstler reicht allerding noch weiter. Sie umfasst auch ein zweites Charakteristikum der Collagen Heartfields. Diese sind für Anders nämlich keine bloßen Abbilder; er betrachtet sie als Urteile in Bildform, die jedoch im Unterschied zu politischen Propagandamontagen oder Fernsehbildern – die er im ersten Band der *Antiquiertheit des Menschen* eben deshalb kritisiert – ihre Urteilsform und ihren Montagecharakter keineswegs verschleiern, sondern ausdrücklich hervorkehren. Das heißt, sie haben nicht nur eine Botschaft, sie zeigen zugleich, wie diese Botschaft hergestellt wurde. In Anders' Texten entspricht dies den systematisch eingestreuten methodologischen Reflexionen auf das gewählte Genre, die eigene Sprecherposition und den eigenen Schreibstil oder die Möglichkeiten und Grenzen sprachlicher Vermittlung.

Nicht weniger stark ist Anders' methodische Affinität zu Grosz. Wäre er selbst Kunstmaler geworden, hätte man ihn wie Grosz, Otto Dix oder Rudolf Schlichter gewiss der Schule des kritischen Verismus zugeschlagen. Wenn Anders nämlich Grosz attestiert, seine Bilder seien „Antibilder", die nicht beanspruchten, „selige Inseln des ‚schönen Scheins'" zu sein, sondern umgekehrt insulare „([...] Horror-) Wahrheiten", mit dem Ziel, die Trägheit und Gleichgültigkeit der Massen aufzubrechen, dann spricht er zugleich über seine eigene Philosophie: „Heiter ist das Leben? Höllisch wird die Kunst." (MW, S. 204) Wie für Grosz werden Empörung und Trauer über eine infernalische Realität, in der es sich die meisten Menschen irgendwie bequem gemacht haben, auch bei Anders zum kreativen Antriebsmotor. Wie sein Vorbild will auch er die „Unheilsqualität" der Welt treffen, nur eben mit Worten statt Pinselstrichen. Die Inspiration, die Anders – wieder: das Sujet *und* die Technik der Darstellung betreffend – von Grosz bezieht, wird auch an folgendem Zitat deutlich: „Im Unterschied zu den Akademikern", nach Anders jene Maler, „die auf der Alm, in ihrem verspäteten Montmartre-Winkel oder im volkseigenen Atelier vom zerstörerischen Charakter der gegenwärtigen Welt noch nichts haben läuten hören, oder das Geläute nicht wahrhaben wollen", sei für Grosz „der *Gegenstand seiner Kunst nicht die gegenständliche*

Welt, sondern die Zerstörung der gegenständlichen Welt." (MW, S. 206)[22] Grosz' apokalyptische Moderne-Panoramen kommen dem methodischen Übertreiber Anders im Gegensatz dazu „wie Linsen oder Teleskope" (MW, S. 208) vor, die das wahre, grausame, mörderische Gesicht der Welt offenbaren. Sie seien, so heißt es in einem späteren Radiovortrag zu Grosz und Goya, daher nicht im eigentlichen Sinne Bilder, „[d]enn ein Bild machen, die sichtbare Welt im Bilde wiederholen, das bedeutet fast stets die Welt bejahen." (KF, S. 213) Anders betrachtet sie vielmehr als „*Röntgenbilder*" (KF, S. 221), die das wahre, sonst verhüllte Gesicht der Welt offenbaren. Als Geistesverwandten sieht Anders Grosz daher vor allem, wenn er ihn als malenden Marxisten bezeichnet, weil dieser „dem *Aussehen der Welt* so gegenüberstand, wie die Theoretiker des Marxismus den *Ansichten über die Welt* gegenüberstehen." (MW, S. 211) Grosz habe nicht erst Ideologien – verstanden als zur Verschleierung wahrer Verhältnisse produzierte Weltbilder –, sondern bereits die Wirklichkeit selbst für eine verfälschte gehalten und in seinen Bildern an deren Demaskierung gearbeitet: „Wenn es zum Wirklichen wesentlich gehört, sich als ‚Erscheinung' zu schminken, dann würde es zu dessen wahren und kompletten Bilde gehören, beides: Wahrheit *und* Schminke zugleich zu zeigen." Grosz durchdringe „die opake Schminke des Wirklichen, also die ‚Erscheinung'" und mache auf diese Weise „das der Erscheinung zugrundeliegende Eingeweide der ‚Wahrheit'" mit sichtbar (MW, S. 211). Wie eine Selbstaussage lässt sich in diesem Zusammenhang außerdem die Feststellung werten, Grosz habe „nicht nur Kunstschulen besucht, sondern auch die Schule der Welt, die Kasernenhöfe, die Schlachthäuser, die Schlachtfelder und Lazarette des Krieges, die Kleineleutewohnungen, die patriotischen Vereinslokale der Provinz, die Puffs und Bumslokale im Berlin der Kriegs- und Nachkriegsjahre." (MW, S. 239)

Natürlich sind dem Methodentransfer wie schon im Falle Heartfield auch hier Grenzen gesetzt. So ist Anders im Gegensatz zum bildenden Künstler Grosz zwar die motorische Mimesis verwehrt, die er in dessen Maltechnik ausmacht, die Wiederholung des Sujets im Stil – Beispiel: der Blutfleck in einer Mordszene wird nicht gemalt, sondern das Papier „in einen zweiten Tatort verwandelt" (MW, S. 209), das heißt mit roter Farbe vollgespritzt. Aber auch er versucht mit dem hämmernden Duktus seiner Sätze, den vielen Wiederholungen, Komparativen und Kausalsatzkaskaden, den moralischen Affront, der von seinen ‚Sujets' ausgeht, stilistisch abzubilden. Inspiriert von Grosz will auch der Porträtist der *Antiquiertheit des Menschen* „Schreckbilder" (MW, S. 230) herstellen. Freilich geht es dabei niemals um bloße Schockeffekte. Wie Francisco de Goya, den er in einem Aufsatz gemeinsam mit Grosz porträtiert, produziert auch Anders „das, was die Griechen *apotropaia* nannten, Geräte, voll Schrecken hergestellt, um Schrecken zu verbreiten und um die weitere oder künftige Existenz solcher Schrecklichkeit zu verhindern." (KF, S. 219) Das Ziel seiner schriftstellerischen Produktion bleibt damit letztlich unverkennbar aufklärerisch: Seine Texte wollen als Interventionen gelesen werden, die den Unheilslauf der Welt unterbrechen, indem sie ihre Leserinnen und Leser irritieren, das heißt bei ihren Emotionen packen, ihren Widerspruch reizen, sie zum bitteren Lachen bringen und in Schrecken versetzen, um sie auf diesen Wegen schließlich zur Selbstreflexion und zum entschlossenen Handeln anzustiften.

Es gibt darüber hinaus noch eine weitere frappante Kongruenz zwischen Anders und Grosz. Entgegen der alten Zeichenweisheit Max Liebermanns – „Zeichnen heißt auslassen", nämlich alles Unwesentliche – lasse Grosz gerade das Wesentliche aus, *„um mit Hilfe des nichtgezeigten Wesens zu demonstrieren, daß es zum ‚Wesen' des heutigen Menschen gehört, daß sein ‚Wesen' bereits geopfert ist.*" (MW, S. 228) Der Technikphilosoph Anders wiederum setzt die Dinge an die leere Subjektstelle, um die Randständigkeit des Menschen, seine Antiquiertheit und Liquidierung zu demonstrieren. Deutlich tritt dieses Inversionsprinzip auch im Fabelband *Der Blick vom Turm* (BT) zutage, in dem uns »[s]prechende Tiere und widerspenstige Dinge, kuriose künstliche Gehirne und gelangweilte Götter, unzeitgemäße Philosophen und scheiternde Moralapostel" vorgeführt werden.[23] Als „programmatisch für Anders' Denkstil" – „ein Denken in starken Kontrasten, rhetorischen Wendungen und prononcierten, zuweilen unversöhnlichen Gegensätzen" – bezeichnet Kerstin Putz in diesem Zusammenhang den sprechenden Titel der letzten Fabel des genannten Bands: „Die Umdrehung". So wolle Anders, schreibt Putz mit Bezug auf eine weitere bekannte Marx-Sentenz, in seinen Geschichten „Gewissheiten durch die Behauptung ihres Gegenteils in Frage stellen, das Bekannte verwirren, die (Fabel-)Welt umwenden, um sie hinterher vom Kopf wieder auf die

Füße zu stellen."[24] Es ist neben allen anderen erwähnten Darstellungsmitteln und Schreibstrategien vor allem dieser methodische Kniff, den man sich bei der Anders-Lektüre stets im Bewusstsein halten muss, will man dem überzogenen, bisweilen auch holzschnittartigen, karikaturhaften Stil vieler Texte nicht geradewegs auf den Leim gehen. Der Effekt dieser Texte, das Unbehagen, das sie angesichts ihres vermeintlich übertriebenen, nicht selten penetrant belehrenden Charakters auslösen, ist kalkuliert. Es rechnet mit Leserinnen und Lesern eines postliterarischen Zeitalters (AM 1, S. 15 f.), mit Apokalypseblinden und invertierten Surrealisten, die eine *de facto* surreale, ja monströs gewordene Realität – die des Faschismus, der Technokratie, der atomaren Drohung – für völlig normal halten; die sich längst an das eigentlich Surreale und Verstörende gewöhnt haben. Aus diesem Grund will Anders sie bei ihren Emotionen packen, indem er ihr Unbehagen, ihren Einspruch provoziert und damit schließlich ihren (aus seiner Sicht betäubten und der Wirklichkeit nicht mehr angemessenen) Willen zum Wissen, zur Einsicht in die „Phantastik der Wahrheit".

Dass ihm seine ungewöhnliche Methode philosophischer Übertreibung eine Menge Widerspruch einhandeln würde, war Anders durchaus bewusst. Gelten ließ er ihn nicht. Potenziellen Kritikern entgegnet er in den *Philosophischen Stenogrammen*:

> Wer über solche ‚Übertreibungen' (vielleicht sogar im Interesse der Wahrheit) queruliert, der müßte, wäre er konsequent, auch über die Verwendung von Mikroskopen querulieren, die ja auch ihre Gegenstände ‚entstellen'; nein, der müßte sogar die

> gesamte experimentelle Naturwissenschaft über Bord werfen. Denn wenn der Naturwissenschaftler eine Versuchsanordnung aufbaut, und das, was bei diesem Arrangement geschieht, isoliert und vom Geschehen der Welt abhebt, dann ‚übertreibt‘ er ja ebenfalls; ‚von Natur aus‘ kommt sein künstlich arrangiertes und isoliertes Naturgeschehen ja niemals vor. – Und doch ist sein Versuch wahr, und zwar deshalb, weil er uns die Chance gibt, die nicht-arrangierte Natur zu erkennen. Warum sollte, was den Naturwissenschaftlern recht ist, uns nicht billig sein? (PS, S. 142)

An anderer Stelle vergleicht Anders die übertreibende Form der Deutung, der Wiedersichtbarmachung des unkenntlich gemachten Wesens der Dinge und ihrer Auswirkungen auf Mensch und Welt mit den Praktiken antiker Seher, nur dass die Gedärme, die wir „prognostisch lesen zu lernen haben“, nicht mehr die von Opfertieren seien. Im Fokus stünden nun die ‚Innereien‘ der Technik (AM 2, S. 478). In beiden Fällen geht es darum, neue Weisen und Werkzeuge des Sehens und der Sichtbarmachung für die nicht länger sich zeigenden *phainomena* der Gegenwart, den Surrealismus der Wirklichkeit zu erschließen – wobei man nicht oft genug betonen kann, dass diese Werkzeuge trotz Anders' Faible für die optische Metapher des Mikroskops nicht nur das menschliche Auge, sondern auch, ja vielleicht in erster Linie unser Herz erreichen sollen, so wie es auch die Kunst anstrebt. Abschließend lässt sich sagen: Die unabweisbaren methodischen Bezüge zur Literatur und zur bildenden Kunst seiner Zeit – vor allem zur Collage, dem „bildnerische[n] Hauptprinzip des Jahrhunderts“[25] – entspringen bei Anders nicht etwa nur der persönlichen Leidenschaft und starken künstlerischen Neigungen. Dem in vielen Texten unverkennbaren „Wunsch, sich mit den Mitteln der Literatur der Malerei anzunähern“, besonders eindrücklich erkennbar im „bunten Wimmelbild“ der Fabeln,[26] korrespondiert ein programmatischer, systematischer Anspruch. Nimmt man dessen Genealogie ernst, lässt sich die Schreibstrategie des philosophischen Ikonoklastikers, das Spiel mit den Formen und Möglichkeiten der Sprache, die Suche nach dem richtigen, nicht zuletzt Affekte und Emotionen weckenden Ausdruck respektive Bild als Derivat grundlegender Maximen der Klassischen Moderne betrachten, wie etwa Vincent van Gogh sie formuliert hat. So will auch Anders die Wirklichkeit durch „Abweichungen“ und „Umarbeitungen“ derart zur Darstellung bringen, dass ihr – nur vermeintlich falsches, überzogenes – Porträt „wahrer als die buchstäbliche Wahrheit“ gerät.[27] In diesem Sinne versuchen alle Anders-Texte das Erlebte und Gedachte sozusagen ‚auf ein Bild zu bringen‘, ein zur Sichtbarkeit, zur Kenntlichkeit verfremdetes Bild, wie Putz mit Blick auf Anders' Tagebücher schreibt.[28] Oder eben, in kürzester Form: „*Surrealismus = Die Realität*“ (KF, S. 152).[29]

Sprachkritik und Vokabelaskese

In seinen Tagebüchern, insbesondere aber in *Sprache und Endzeit*, den in der Zeitschrift *FORVM* bis 1990 veröffentlichten Texten zum geplanten dritten Band der *Antiquiertheit des Menschen*, ergänzt Anders seine methodologischen Reflexionen und die tiefgreifenden Bezugnahmen auf das methodische Arsenal bildender Künstler um einen weiteren Aspekt: den einer allen theoretischen Bemühungen, jeder *wirklichen* Deutung (siehe oben) zwangsläufig vorgeschalteten Sprachkritik. Die Beschäftigung mit Ausdrucksfragen, mit Sprache als Mittel von Propaganda, Gegenaufklärung, Kritik und Subversion reicht zurück bis zu Anders' Roman *Die molussische Katakombe* aus den 30er Jahren. Virulent wird das Problem, die eigene Zeit, wie Philosophen gerne sagen, ‚auf den Begriff zu bringen', für Anders spätestens ab 1945. Seit dem Abwurf der Atombombe auf Hiroshima ging es ihm vornehmlich darum, Worte zu finden für das, was sich der Sprache (nicht zuletzt auch *qua* Sprache) entzieht. Zudem ist er in seinen späteren Texten stets auf der Suche nach dem treffenden sprachlichen Ausdruck, mit dem sich auch ein nicht-akademisches Publikum erreichen lässt. „Die eigentliche Gefahr von heute besteht in der *Unsichtbarkeit von Gefahr*", schreibt Anders in seinen „10 Thesen zu Tschernobyl" (TH, S. 7). Es gelte, sie wieder sichtbar zu machen. Die Mittel der Sprache im Allgemeinen und der phänomenologischen Terminologie, mit der er akademisch sozialisiert worden war, im Besonderen empfand Anders dafür jedoch als längst nicht mehr hinreichend. Gesucht sei eine neue Sprache, „die sich an der Enormität des ‚Gegenstandes' infiziert." (GA, S. 79) Zu groß, zu „überschwellig" erschienen Anders die technischen Artefakte und ihre Effekte, als dass man sie mit gewöhnlichen Worten noch treffen könnte (SE 6, S. 19). Daraus resultiert für ihn die paradoxe Pflicht der Philosophen, Worte für das Unsagbare zu finden und das Enorme zugleich in zugängliche Sprache zu fassen, „damit auch Mitmenschen mit so bornierter Vorstellungskraft wie Männer und Frauen in the street oder in weißen Häusern anfangen zu begreifen, was sie anrichten könnten, oder was ihnen angetan werden könnte." (GA, S. 80) Sprachkritik, fordert er darüber hinaus, müsse eigentlich „zum Hauptunterrichtsgegenstand gemacht werden." (G, S. 32)

Dass Sprache ihren Gegenstand – und ihr Publikum – treffen muss, ist bei Anders wörtlich zu verstehen. Seine philosophischen Übersetzungsleistungen wollen „Sprachpfeil[e]" sein, die versuchen, das eigentlich mit Worten nicht (mehr) Erreichbare doch noch zu erreichen (SE 6, S. 19).[30] Darüber hinaus sollen sie bei den Leserinnen und Lesern regelrechte Wunden schlagen – Blessuren, die nicht nur schmerzen und verstören, sondern nachhaltige Verstehensprozesse auslösen (welche bekanntlich, damit kalkulierte der Psychologensohn Anders ganz bewusst, nie ohne Gefühle vonstatten gehen). Das ist weniger martialisch, als es tönt. Im Zeitalter der „Plastikwörter"[31] und Slogans, der ‚Sprachregelungen' und Euphemismen ging es für Anders in erster Linie darum, in klaren Worten „beim Namen zu nennen, was *ist*." (HÜ, S. 224) Unter dem Dirigat der Technik, in Zeiten globaler Arbeitsteilung und weltweiter Produktionsketten sind die Produzierenden Anders zufolge nämlich nicht mehr nur ihrer Produktionsmittel beraubt. Sie verfügen auch nicht mehr über die Produktions*sprache*. Krypto-totalitär nennt Anders diese Situation (SE III, S. 52; SE 5, S. 63 f.). Auch als Sprachkritiker folgt er so einem Impuls, den er mit der marxistischen Denktradition teilt, wenngleich er damit nicht auf die Produktions-

und Klassenverhältnisse, sondern die Produktions*mittel* abzielt: Sprachkritik ist Vernunftkritik und Vernunftkritik Kritik der politischen Technologie.[32]

Mit welchen Mitteln rückt Anders nun der Sprache zu Leibe? In seinen eigenen Texten betreibt er konsequent „*Vokabelaskese*“, das heißt, er weigert sich, Wörter zu benutzen, die „entweder (im Wittgensteinschen Sinne) sinnleer, oder (im Marxschen Sinne) ideologisch oder (im Goebbelsschen Sinne) absichtlich irreführend“ sind, die in sich bereits „Krypto-Meinungen darstellen“ (K, S. 129, 135). Diese Begriffe gehören für Anders auf eine Art schwarze Liste gesetzt, also verboten. In Zeiten, in denen Atombomben (neuerdings Mini-Nukes oder künstliche Intelligenzen) verharmlost und verbrämt werden, fordert er neue, aussagekräftige Begriffe, die sich im Gegensatz zu Buchstabe gewordenen Vorurteilen, Euphemismen und Lügen an der Monstrosität ihres Gegenstandes infizieren. Kurzum: „In unser moralisches Aufgabenbuch gehört auch die Linguistik.“ (PS, S. 58)[33] Konkrete Beispiele dafür gibt Anders in *Visit beautiful Vietnam.* Anzuprangern seien jene falschen „Sprachformen“, in denen an die Stelle verantwortlicher Individuen „selbständig funktionierende Prozesse“ gesetzt würden. So sei in der Zeitung etwa über den Vietnamkrieg zu lesen, dieser „drohe sich auszubreiten“ (als wäre er ein lebendes Wesen), oder: Demonstranten hätten Verwundungen „davongetragen“ (wie auf dem Boden liegendes Fallobst) (BV, S. 24, 74 f.). Zur moralisch verwerflichen, falschen Sprachform werde selbst der Gebrauch oder das Weglassen von Anführungszeichen, was Anders am Beispiel zweier weiterer Zeitungsmeldungen über ‚Säuberungen‘ illustriert:

einmal bezogen auf das maoistische China – mit Anführungszeichen; zum anderen mit Bezug auf eine militärische Operation in Vietnam – ohne Anführungszeichen. In beiden Fällen handelte es sich um Mordaktionen, doch während die Verwendung von Satzzeichen im ersten Fall eben diese Botschaft mit komplizenhaftem Augenzwinkern vermitteln will, wird die bestialische Tatsache im zweiten verschleiert und verharmlost. Als (moralisch) falsche semantische Extension ließe sich die von Anders zitierte Aussage des US-Präsidenten Johnson bezeichnen, bezüglich der Bombardierung Vietnams herrsche im Kreise seiner Mitarbeiter ‚vollkommene Harmonie': „Unter ‚Harmonie' haben wir also die Tatsache zu verstehen, daß sich Kriegsverbrecher über die Antworten auf die Frage, wen sie wo und mit welchen Mitteln ausrotten sollen, einig sind." (BV, S. 79)

Ein Fall für kritische „Vokabelsoziologie" ist nach Anders daneben nicht nur die milieuspezifische Sprachverwendung (also Ausdrücke wie ‚Olle' statt ‚Gattin'), sondern der Gebrauch von „*Klassenvokabeln*". Gemeint sind hier Wörter, die exklusiv nur im Zusammenhang mit Mitgliedern bestimmter Klassen oder Schichten in diskriminierender oder verschleiernder Absicht verwendet werden, wie Anders in einem fiktiven Dialog ironisch am Beispiel des „Ablebens" schwarzer Grubenarbeiter „um die Mittagsstunde" (während sie gerade „speisten") erläutert: „Rettung war nicht mehr möglich, die Antlitze der Entseelten waren, da diese erstickt waren, entstellt, aber immerhin, die 340 oder 350 schwarzen sterblichen Hüllen – eine unalltäglich hohe Hüllenzahl, müssen Sie zugeben – die konnten doch noch geborgen und doch noch den trauernden Hinterbliebenen übergeben werden." (BV, S. 189 f.) Falsch kann Anders zufolge außerdem auch der *Sprachgestus* sein. Sei etwa davon die Rede, dass das „Ausroden der Infrastruktur" des Vietcong für US-Soldaten in Vietnam eine „frustrierende" Aufgabe darstelle, so infiziere, beschädige dies den Wahrheitsgehalt der Nachricht und mache diese „mit-unwahr": „Dies ist die höchst raffinierte Situation von heute, in der man, um so zu tun, als lüge man nicht, tatsächlich die Wahrheit serviert, aber eben auf dem Tablett der Unwahrheit." (BV, S. 197) Nicht zuletzt impliziert das Programm der moralischen Linguistik für Anders auch den Abschied vom universitären Jargon: „Diese akademische Diktion trägt nicht. Eine andere Diktion ist nötig. Keine extravagante. Vielmehr hat man ‚nur' den Schritt zurück in die Normalsprache zu machen. Im normalen Sprechen spricht man *zu* jemandem, und über Dinge, die diesen Jemand betreffen, und in einem Tone, den dieser Jemand versteht." (ÜP, S. 6) Notwendig sei ferner, sich von wirklichen Fragen affizieren zu lassen, statt massenhaft Qualifikationsarbeiten, Sekundärliteratur beziehungsweise „Bildungsstoff" herzustellen (ÜP, S. 25; MW, S. XXXVIII).

Anders' sprach- und philosophiekritischem Programm – erstens: zurück zu den Sachen selbst und zu den *wirklichen* Fragen, zweitens: Vokabelaskese und neue Begriffe, drittens: Aufwertung der Normalsprache – liegt somit ein moralischer, *kommunikativer* Wahrheitsbegriff zugrunde, der sein gesamtes Schreiben motiviert:

„Regel: *Nur dann, wenn sich das ‚Über' und das ‚Zu', das sujet* [sic] *des Sprechens und das ange-*

> *sprochene Subjekt ‚decken'; nur dann, wenn wir auf diejenigen abzielen und diejenigen erreichen, die, weil es um deren Schicksal geht, von uns erreicht werden müssen und ein Recht darauf haben, von uns erreicht zu werden; nur dann haben unsere Aussagen ‚Sinn', nur dann werden sie auch wirklich wahr.* Eine Wahrheit, die einem unbestimmten oder gar einem falschen Adressaten mitgeteilt wird, ist nicht eigentlich ‚wahr'." (SE 2, S. 30)

Für Anders muss, will man im Sprechen den rechten Ton treffen, unzweideutig klar sein, „*wer warum (bzw. wozu) wem was über etwas mitzuteilen wünscht.* Kann diese fünffache (konventionell gesprochen: ‚soziologische') Frage nicht beantwortet werden, dann bleibt [...] alle Beschäftigung mit Rede und Schrifttum müßig." (SE 5, S. 21) Weil die Bombe ja nicht nur über den Dächern der Universitäten hänge, fühle er sich verpflichtet, schreibt Anders am 6. Dezember 1963 an Theodor W. Adorno, „einen Ton und eine Sprache zu finden, mit der ich die unhappily happy crowd erreichen kann." Und obwohl auch er den Massenstil der Popularisierung verabscheue – „Die für Mundharmonika bearbeitete Kunst der Fuge ist mir genau so grauenhaft wie Ihnen, der popularwissenschaftliche Stil viel schlimmer als der akademische Stil, von dem er polemisch abhängt" – glaube er, „dass man zuweilen für Mundharmonika komponieren muss, weil die Leute kein anderes Instrument haben, auf dem sie sich die heutige notwendige Melodie vorblasen können." (BW, S. 72) Die Abgrenzung einer vermeintlich reinen, aber abgehobenen Wissenschaft gegenüber allen Formen ihrer Popularisierung ist

Anders zufolge politisch brisant. Wer nicht popularisiere und den Menschen außerhalb der Universitäten Rede und Antwort stehe, der hinterlasse nur ein Vakuum, in dem sich schließlich weit schlimmere Populisatoren einzunisten drohten (ÜP, S. 15 f., 22 f.). Kurz, der Rückzug des Philosophen aus der Welt der Alltagssprache garantiert keine tieferen Einsichten, er befördert allzu oft nur Esoterik und überlässt das Feld den falschen Kräften.

Die Welt als Vernichtungslager

Beispiele für popularisierende Mundharmonikakompositionen, für Sprachkritik und methodische Übertreibungen bietet Anders' Werk zuhauf. Das vielleicht markanteste Exempel sei im Folgenden skizziert. Es erhellt, was Anders unter der in der Glosse von 1968 eingeforderten, jeder revolutionären Praxis vorausliegenden „wirklichen" und das heißt immer auch sprachkritischen Interpretation versteht: In seinen „Thesen zum Atomzeitalter" postuliert Anders, dass der gesamte Globus sich angesichts der Drohung mit dem Atomkrieg „in ein ausfluchtloses Konzentrationslager" verwandele (AD, S. 95). Das Adjektiv „ausfluchtlos" leitet sich von der enormen Distanzwirkung der Bombe und von ihren Nebenfolgen ab. Weil die Bombe unmittelbar und langfristig alles Leben auf der Erde mit Vernichtung bedrohe, gebe es keinen irdischen Ort mehr, an dem man vor ihren Auswirkungen sicher sei: „*Was jeden treffen kann, betrifft jeden.* Radioaktive Wolken kümmern sich nicht um Meilensteine, Nationalgrenzen oder Vorhänge." (AD, S. 25) In Zeiten schizopraktischer atomarer Kriegsführung – der Auslöser eines Atomraketenstarts sitzt Tausende Meilen vom Detonationsort entfernt in einem klimatisierten Bunker; Tötungshandeln und Sterben, Ursache und Effekt sind disloziert – werde jeder Punkt der Erde virtuell zur weit hinter der Front befindlichen Etappe; zugleich liege er an vorderster Kampflinie, „da jeder eben ein erreichbarer, und d.h.: vernichtbarer Zielpunkt ist." Immer stünden wir heute in Nachbarschaft zu jedem beliebigen Ort der Erde, „weil wir jeden Punkt von jedem aus mit Hilfe interkontinentaler Raketen erreichen und unbewohnbar machen können" (AH, S. 31). Darüber hinaus könnten bereits „*durch ein einziges Hiroshima [...] alle anderen Plätze unserer geliebten Erde zusammen ein einziges riesiges Hiroshima werden – und sogar noch schlimmer.* Denn es sind *nicht nur alle Plätze im Raum, sondern alle Plätze in der Zeit, die mitgetroffen werden können und vielleicht schon sind.*" (TH, S. 10)

Der raumzeitliche Effekt der Atomtechnik ließ sich für Anders bereits auf dem Atombomben-Testgelände in New Mexico ablesen. Bis zur ersten Detonation habe jegliches wissenschaftliche Experiment in künstlich abgedichteten „Mikro-Welten" stattgefunden; unsere Welt als Ganze sei stets durch die „*Insularität des Probefeldes*" vor möglichen Auswirkungen geschützt gewesen. Die sogenannte Testzündung der Atombombe hingegen ebne die Differenz von Vorbereitung und Anwendung, Probe und Ernstfall ein, indem sie die gesamte Welt „ko-extensiv" zu einem gigantischen Labor mache. Das Atom-‚Experiment', das die ganze Welt in Mithaft nehme, höre somit auf, bloßes Experiment zu sein. Es werde stattdessen zu einem irreversiblen historischen Ereignis. So könne beispielsweise das, was man heute experimentell lediglich ‚durchzuspielen' meine, schon in der nächsten Generation „zum erbbiologischen ‚Ernstfall' werden; vielleicht zum letzten." (AM 1, S. 289) Und da Anders überdies schon den bloßen Besitz der Bombe als Weise ihrer Verwendung betrachtete – eine Ding gewordene Erpressung –, und darüber hinaus auch Atomkraftwerke als „nukleare[.] Zeitbomben mit unfestgelegtem Explosionstermin" deklarierte (AM 2, S. 437), bleibt der kühne Befund selbst bei entspannter Sicherheitslage derselbe. Erklärungsbedürftig ist in diesem Zusammenhang also vor allem der Begriff ‚Konzentrationslager'. Ihn – und man kann an dieser Stelle getrost auch das Wort ‚Vernichtungslager' einsetzen (PP, S. 20) – scheint Anders aus zwei aufs Engste miteinander zusammenhängenden Gründen zu verwenden: Erstens als Ausdruck methodischer Übertreibung. Der Begriff entfaltet einen Assoziationsraum, in dem wir Vorstellungen von maximaler Freiheitsberaubung, Grausamkeit und massenhafter Auslöschung verorten. Im Zusammenhang mit der Bombe soll der Lagerbegriff die Monstrosität der vermeintlichen Waffe kontrastiv hervorheben. So betont Anders in „Nach ‚Holocaust'", dass die atomare Gefahr den Fortbestand der Menschheit wesentlich stärker bedrohe, als es die NS-Vernichtungslager je hätten tun können: „*Während die atomaren Waffen im wörtlichen Sinne ‚apokalyptisch' sind, waren oder sind die Lager ‚apokalyptisch' nur im metaphorischen Sinne.*" (BH, S. 206) Zweitens postuliert Anders zwischen Lager und Bombe eine gewisse Analogie, nämlich die durch beide gleichermaßen verkörperte permanente und für die jeweils Betroffenen – hier die Internierten, dort die gesamte

Menschheit – ausweglose Todesdrohung. Über die engen Grenzen dieser Analogie hinaus reicht Günther Anders' Diktum *prima facie* nicht. Dass die Welt als Ganze durch die Atombombe mit einem Konzentrations- oder gar Vernichtungslager zusammenfällt, wie wir es aus der Geschichte des Nationalsozialismus kennen, wollte Anders damit ganz gewiss nicht sagen. Wohl hat er bei seiner Formulierung an die nationalsozialistischen Konzentrations- und Vernichtungslager gedacht, freilich ohne zu implizieren, dass im durch die Bombe konstituierten Weltlager Zählappelle, Prügelstrafen und Gewaltexzesse an der Tagesordnung wären. Denn vor allem die Erfahrungen der Überlebenden nationalsozialistischer Lager lassen sich unmöglich auf die gegenwärtige Menschheit als Ganze übertragen: „Dieser Vergleich ist [...] unzulässig. Wie verwirrend die heutigen Umstände auch sein mögen, sie sind nie in Bedingungen eingebettet, in denen es um Leben oder Tod geht. Kein Schrecken besteht permanent. Es gibt immer viele Optionen, und das Gesetz des Terrors und der Not ist weit davon entfernt, total zu sein", so Terrence Des Pres in seiner beeindruckenden Studie *Der Überlebende.*[34]

Wir scheinen also von der Welt als Konzentrations- beziehungsweise Vernichtungslager mit Bezug auf die aktuelle Weltlage nur in eng begrenzten Analogien, mithin nur metaphorisch sprechen zu können – wenn überhaupt. „Holocaust war die extremste Konsequenz gesellschaftlicher Feindbilder und Unterdrückung", schreibt Zygmunt Bauman. „Nicht jeder Fall von Unterdrückung, Gruppenhaß und Unrecht ist aber bereits ein Holocaust." Es empfiehlt sich daher zweifellos, die Metaphorik der

Shoah nicht auf „alltägliche Interessenskonflikte" aufzupfropfen.[35] Doch ist auch Anders' Satz ein Fall metaphorischer Rede und, gemessen an Baumans Mahnung, unzulässig? Ich meine nicht, denn weder handelt das Diktum von gewöhnlichem Unrecht, noch ist das „ausfluchtlose Konzentrationslager" eine „bildliche Übertragung" im klassischen Sinn, ein „sprachlicher Ausdruck, bei dem ein Wort (eine Wortgruppe) aus seinem eigentümlichen Bedeutungszusammenhang in einen anderen übertragen wird, ohne dass ein direkter Vergleich die Beziehung zwischen Bezeichnendem u. Bezeichnetem verdeutlicht", wie es im Duden heißt. Beispiele für solche echten, originären Metaphern sind das ‚Haupt der Familie', der ‚Zahn der Zeit' oder auch der ‚Drahtzieher'. Ihnen gemeinsam ist, dass sie zwar auf Ähnlichkeitsbeziehungen beruhen (der Kopf verhält sich zum Körper wie der Familienvorstand zur Familie, der Drahtzieher zum Verbrecher wie der Puppenspieler zu seinen Marionetten). Sie sind aber eben ausschließlich im übertragenen Sinn zu verstehen; die Zeit hat keine Zähne und der Drahtzieher zieht keinen Draht.

Laut Aristoteles handelt es sich bei der Metapher um „die Übertragung eines Wortes das [eigentlich] der Name für etwas anderes ist, entweder von der Gattung auf die Art oder von der Art auf die Gattung oder von einer Art auf eine [andere] Art oder gemäß einer Analogie."[36] Von den vier von Aristoteles genannten Möglichkeiten metaphorischen Sprechens scheiden die ersten drei von vornherein aus. So ist etwa die Übertragung von der Art auf die Gattung, die etwas Konkretes an die Stelle des Allgemeinbegriffs setzt (Aristoteles' Beispiel ist ‚zehntausend' für ,viel'), deshalb unzulässig, weil man sich zum NS-Konzentrationslager schlechterdings keinen Gattungsbegriff einfallen lassen kann, der nicht entweder abstrakt oder aber konstruiert und daher bedeutungslos beziehungsweise unsinnig wäre. Das Lager mag eine Hölle auf Erden sein und wird als solche von vielen Überlebenden beschrieben. Es aber als Artbegriff der Gattung ,das absolute Böse' oder ,Hölle auf Erden' aufzufassen, wäre ebenso falsch wie als Artbegriff für das, was Anders mit der Welt als „ausfluchtloses Konzentrationslager" meint. Doch was ist mit der vierten Verwendungsweise, der metaphorischen Analogie? Denn um eine Art von Analogiebildung scheint es sich, wie bereits erwähnt, bei Anders ja zu handeln. Ähnlichkeit als „Rechtfertigungsgrund der Übertragung", wobei Ähnlichkeit „in weitestem Sinn" als „Gleichheit in Verschiedenem" zu verstehen sei, wie Arbogast Schmitt in seinem Poetik-Kommentar schreibt,[37] mag denn auch im hier diskutierten Fall vorliegen.

Von einer metaphorischen Analogie spricht Aristoteles, „wenn sich das Zweite zum Ersten genauso verhält wie das Vierte zum Dritten."[38] Aristoteles' Beispiel ist der Bezug von Alter und Leben zu Abend und Tag. Im NS-Lager nun herrschte für ausnahmslos alle Internierten ein System permanenter Todesdrohung. Das Analogon wäre demnach in dieser spezifischen Eigenschaft der historischen Lager zu finden, und Anders selbst scheint dies nahezulegen. Laut Aristoteles haben wir nun ein Erstes und Zweites, Drittes und Viertes sowie deren Verbindung anzugeben, einen doppelten Bezug der Vergleichspunkte, der die Metaphernmatrix aufspannt (analog zu Alter – Leben beziehungsweise Abend – Tag). In der Tat könnte man meinen, die Bombe oder das Weltlager stünden zur ganzen Welt beziehungsweise zur Menschheit im selben Verhältnis wie das historische Konzentrationslager zu den Inhaftierten. Die Metaphernmatrix scheint den Satz vom „ausfluchtlosen Konzentrationslager“ zu decken. Nun heißt es bei Anders aber nicht, die atomare Welt *gleiche* oder *ähnele* in dieser oder jener Hinsicht einem Konzentrationslager. Es heißt ausdrücklich, dass sie ein solches *sei.*

Doch spricht auch das nicht zwingend gegen die Metapher. So wäre es möglich, den Indikativ an dieser Stelle eben der methodischen Übertreibung – und damit letztlich doch der metaphorischen Rede im Sinne einer ‚bloßen‘ Übertragung – zuzuschreiben. Möglich, aber nicht plausibel. Denn die Aussage ‚Die Welt verwandelt sich in beziehungsweise *ist* ein ausfluchtloses Konzentrationslager‘ ist mit Sätzen wie ‚Die Welt ist ein Saustall‘ oder ‚Die Welt ist eine Hölle‘ nicht zu vergleichen. Letztere sind ausschließlich im übertragenen Sinn zu verstehen. Dem ersten Anschein entgegen überträgt Anders jedoch nichts und streng genommen übertreibt er auch nicht. Sein Diktum mag ein der analogischen Metapher verwandtes „Schreckbild“ sein. Form und Inhalt nach aber handelt es sich um eine begründete Tatsachenbehauptung – mit Bezug auf die oben skizzierte Methode formuliert: die Verbalisierung eines surrealen Tatbestands in Normalsprache. Den ersten Hinweis darauf liefert bereits die genauere Betrachtung der vermeintlichen Metapher: Während im Konzentrationslager nämlich nur die Internierten permanent bedroht sind, nicht jedoch ihre Peiniger und Bewacher, schließt das „ausfluchtlose

Konzentrationslager" des Atomzeitalters *de facto* alle Menschen zu Insassen zusammen: „Jeder kann jeden treffen, jeder von jedem getroffen werden." (AD, S. 95) Tatsächlich bedroht die atomare Gefahr ganz unmittelbar den Fortbestand „*der Menschheit als ganzer – was man von den Vernichtungslagern nicht behaupten kann.*" (BH, S. 206) Gleichwohl mag sich gegen den Satz vom ausfluchtlosen Konzentrationslager Widerstand regen, der gewiss damit zu tun hat, dass die Bombe, die, vom Gleichgewicht des Schreckens seit Jahrzehnten ausbalanciert, alltäglich über allen Köpfen hängt, vom Durchschnittsmenschen als weitaus weniger (konkret) bedrohlich empfunden wird als die Vorstellung des SS-Manns, der im Lager seiner unberechenbaren Mordlust nachgibt. Aber man sollte sich nicht in den Assoziationsräumen, den potenziellen Analogien und Denktabus des Lagerbegriffs verirren. Denn Günther Anders' Gebrauch des Wortes ‚Konzentrationslager' weist über Auschwitz hinaus, nein: an ihm vorbei, obwohl er – und das ist das grundsätzliche Dilemma dieser Begriffsverwendung – unweigerlich immer wieder auf die Fährte der Analogien und des direkten Vergleichs zurückgezogen wird, ja gezogen werden muss, weil die Semantik des Worts für alle Zeit aufs Engste mit Auschwitz, Treblinka und Majdanek verknüpft bleibt und von diesen Schreckensorten her ihre Ausdruckskraft bezieht. (Und insofern man die Metapher als eine Bedeutungsübertragung durch Ineinanderfließen der Vorstellungen unterschiedlicher Bedeutungszusammenhänge versteht, hat Anders' Aussage natürlich notwendigerweise einen metaphorischen Aspekt.)

Dennoch hatte Anders etwas anderes im Sinn, als er vom „ausfluchtlosen Konzentrationslager" des Atomzeitalters sprach, einen anderen Lagerbegriff nämlich, der, auch wenn er zwangsläufig mit dem Begriff des NS-Lagers verbunden bleibt, eine andere Wirklichkeit – *eine andere Art von Lager* – beschreibt als jener. Wenn Anders vom atomaren Weltlager spricht, dann nicht metaphorisch im Sinne einer äquilibrierten Analogie. Zwar weckt er die Assoziation ‚Auschwitz' (was bei den Wörtern ‚Konzentrations-' beziehungsweise ‚Vernichtungslager' auch gar nicht anders möglich ist), aber er meint etwas ganz anderes, nämlich ein technokratisches, durch Atombomben und Kernreaktoren konstituiertes, prekär stabilisiertes Weltlager, das, systemtheoretisch formuliert, keine Hierarchien kennt und kein Zentrum mehr hat; das alle Menschen gleichermaßen einschließt und betrifft. Und eine solche Struktur ist selbstverständlich von den historischen und gegenwärtigen Lagern aller Art verschieden, wenn sie auch gewisse grundsätzliche, das heißt Wesensmerkmale mit ihnen teilen mag. Nicht anders fällt das Ergebnis aus, wenn man – statt von Aristoteles' substitutionstheoretischem Mataphernbegriff auszugehen, um Anders' Begriffsverwendung davon abzugrenzen – mit Max Blacks interaktionstheoretischem Ansatz operiert. Für Black sind Metaphern kein bloßer rhetorischer Schmuck, sondern epistemisch höchst produktiv. Sie weisen einen semantischen Überschuss auf, der sich durch keine Rückübersetzung reduzieren lässt – irritierend, aber wissenserweiternd. Ganz im Sinne von Anders' Methodologie funktionieren Metaphern (metaphorisch gesprochen) gemäß Black „als spezifische sprachliche Filter oder Brechungslinsen, um bestimmte Objekte oder Aspekte von Objekten erst sichtbar zu machen – bzw. als epistemische Objekte zu konstituieren."[39] Jede Metapher bietet „eine neue Perspektive und einen eigenen Fragehorizont" und ermöglicht auf diese Weise neue wissenschaftliche Einsichten.[40] Ein epistemisches Surplus, für die Theoriebildung wie für die Wahrnehmung technologischer und gesellschaftlicher Phänomene, liefert auch Anders' Lagerbegriff. Mit Hilfe seiner modellhaften Beschreibung der Moderne lassen sich wesentliche Strukturmerkmale und Entwicklungstendenzen (neu) begreifen.

Für die These, Anders verwende den Lagerbegriff nicht in einem metaphorischen, das heißt bloß übertragenen Sinn, spricht zudem, dass Anders „von einem grundsätzlich metaphorischen Charakter von Welterfahrung und Sprache [ausgeht]", so Margret Lohmann. Metaphorik gehöre zu den „elementaren Merkmalen" der Sprache; menschliche Erfahrung und die zu ihrer Beschreibung verwendeten Begriffe ließen sich nicht säuberlich voneinander trennen oder eindeutig einander zuordnen.[41] Einen weiteren Beleg für die hier vorgebrachte Lesart liefert Anders selbst in *Visit beautiful Vietnam.* Dort heißt es mit Bezug auf die Apotheose des Gewehrs in einem Jahrbuch der US-Streitkräfte:

> Als ich vor etwa zehn Jahren eine neue Phase der ‚Entfremdung' ankündigte, die Situation nämlich, in der der ‚Animismus des technischen Zeitalters' herrschen würde, die Situation, in der die Verdinglichung der Menschen ihre Entsprechung in der Vermenschlichung der Dinge fin-

> den würde, oder in der die Vermenschlichung der Dinge die Verdinglichung der Menschen sogar ersetzen würde, da nannte man mich einen Übertreiber, diese überspitzte Formulierung könne ich doch wohl nur bildlich meinen. Was ich bestritt. Heute hat nun der dokumentarische Beweis meine damalige Behauptung eingeholt. Denn wie könnte man noch von ‚Bildlichkeit' sprechen, wenn in der Gelöbnisformel einer Armeegattung das Mordgerät als ‚Bruder' bezeichnet wird, und wenn dessen Verwender vor Gott den feierlichen Eid schwört, diesen seinen Bruder rein zu halten wie sich selbst und sich mit dessen Schwächen und Stärken vertraut zu machen? (BV, S. 60)

Es mag uns heute schwerfallen, die Atombombe mit Anders als ontologisches Unikum wahrzunehmen, gar als konstitutives Element einer von ihr aus gedachten Weltlagerstruktur. So steht Anders bei manchen Interpreten in Verdacht, einer regelrechten Bomben-Eschatologie Vorschub zu leisten. Wolfgang Matz etwa befindet, Anders' Atomphilosophie beruhe auf der „Prophezeiung einer nahen Selbstzerstörung der menschlichen Kultur" durch Technik und entwerfe eine „apokalyptische Theologie".[42] In der Tat verwendet Anders in „Die Frist" (1960) explizit eschatologisches Vokabular, in der *Antiquiertheit* ist von einer „Theologie der atomaren Situation" die Rede (AD, S. 173–177; AM 2, S. 450–454). Dennoch war er kein Theologe und vor allem kein Teleologe der Bombe. Nichts deutet in seinen gelegenheitsphilosophischen Analysen darauf hin, dass die Bombe, trotz ihres ontologisch singulären Status, das metaphysisch absolut letzte Ding innerhalb des spätmodernen Produktekosmos ist. Die These von der Frist ist, berücksichtigt man Anders' späte Einlassungen zur Umweltproblematik, nicht von der Bombe als meditatives Zentrum abhängig, auch wenn Anders diese einmal als „‚Kairos der Ontologie'" adressiert (AD, S. 176).[43] Zudem impliziert das von Anders postulierte teleologische „Prinzip der Maximalleistung", demzufolge jede Maschine nach optimaler Leistungserfüllung strebe (WE, S. 50 f.), keinen kausalen Zusammenhang zwischen Erscheinung und finalem Einsatz, selbst dann nicht, wenn man, wie Anders, das Auftreten der Bombe bereits mit ihrem Einsatz als Droh-‚Mittel' gleichsetzt. Die Apokalypse selbst bleibt immer eine Eventualität, ein kontingenter Punkt am Horizont des Möglichen (AD, S. 177). Sie setzt sich nicht selbst ins Werk. Wann die atomare Endzeit tatsächlich in das ultimative Zeitenende umschlagen würde, konnte und wollte Anders daher nicht datieren. Der Eschatologie-Vorwurf geht deshalb sowohl methodisch als auch inhaltlich an ihm vorbei. Wenn man hingegen bedenkt, wie überirdisch, autonom, ja gottähnlich der Prototyp der Atombombe sogar ihren eigenen Schöpfern erschienen war, die nicht anders konnten, als die erste Testzündung (auf dem streng geheimen Gelände in der Wüste New Mexicos mit dem sprechenden Namen ‚Trinity') in biblischer Terminologie zu schildern, dann wird man mit Recht behaupten können: Der erste Schritt in eine durchaus eschatologisch anmutende Vernichtungslagerwelt, die paradoxe Fusion des topologischen Lagerprinzips mit dem Weltinnenraum fand an jenem 16. Juli 1945 statt, dem Tag, an dem um 5:29 Uhr Ortszeit in der südwestamerikanischen Ödnis die erste Atombombe mit einer Sprengkraft von 21 Kilotonnen TNT-Äquivalent detonierte, viele tausend Mal heißer als die Oberfläche der Sonne. Drei Wochen später begann das atomare Endzeitalter der global-entgrenzten, totalen Inklusion auch für den Rest der Welt, während die prekäre Stabilität des Kalten Kriegs endgültig erst mit der erfolgreichen Testzündung einer sowjetischen Atombombe am 29. August 1949 hergestellt war.[44]

Die Atombombe und gemäß Anders auch die über den gesamten Erdball verstreuten Atomreaktoren definieren die raumzeitliche Struktur des Weltlagers: totale Entgrenzung, die zu restloser Inklusion führt, auf der einen, Verwandlung der Epochen- in die Endzeit auf der anderen Seite. Als permanente Bedrohung verharren Bombe und Reaktor jedoch mehr oder weniger im Zustand der Potenzialität. Die in ihnen inkarnierte ultraletale Handlungsmacht tritt in der Regel hinter die Funktionsanforderungen zurück und wird nur im Ernstfall respektive GAU explizit. Dennoch hielt Günther Anders die Unterscheidung zwischen kriegerischer und friedlicher Nutzung der Atomkraft für „*töricht und betrügerisch*". Die Konstruktion und Verwendung neuer Kernkraftwerke sei „schlimmer als kriegerisch: nämlich *herostratisch*. Heute nach Tschernobyl, da niemand mehr den Ignoranten spielen kann, sind ihre Fürsprecher zu bewußten Verbrechern geworden. Ihr Verbrechen heißt nicht nur Genozid, – welch ein Nur! – sondern *Globozid*, Ermordung des Globus." (TH, S. 8) Ferner spielt es für Günther Anders auch keine oder besser kaum eine Rolle, ob Teststopps verhängt, Abrüstungsabkommen geschlossen oder Atomausstiege vereinbart werden. Denn die Idee der Bombe bleibe bestehen, die Blaupause des Atomkraftwerks verderbe nicht:

> Selbst in einer restlos ‚reinen' Welt (also in einer, in der es keine A- oder H-Bombe gäbe, in der wir also keine Bomben zu ‚haben' scheinen) würden wir sie doch noch immer haben, weil wir wissen würden, wie wir sie herstellen können. In unserer Epoche mechanischer Reproduktion gibt es keine Nicht-Existenz irgendeines möglichen Produktes, weil das, was zählt, nicht die wirklichen physischen Objekte sind, sondern deren Typen, bzw. deren blueprints. Selbst nach Eliminierung aller physischer Objekte, die mit der Produktion der A- oder H-Bomben zusammenhängen, könnte die Menschheit noch immer den blueprints zum Opfer fallen. [...] [D]ie blueprints sind unzerstörbar wie Platos Ideen; in gewissem Sinne sind sie geradezu deren diabolische Verwirklichung. (HÜ, S. 225 f.)

Die raumzeitliche Struktur des Weltlagers ist in der industriell-platonischen Spätmoderne also von prinzipieller Dauer. Der Kalte (Atom-)Krieg geht weiter (TH, S. 9). Wer dafür jenseits philosophischer Thesen nach Belegen sucht, wird unter anderem bei Swetlana Alexijewitsch fündig. Die Überlebenden, die sie in ihrem beeindruckenden Tschernobyl-Report zu Wort kommen lässt, bestätigen zum einen eindrücklich die Existenz dessen, was Anders ‚Überschwelligkeit' respektive ‚Unterschwelligkeit' nennt – niemand vor Ort versteht, was geschehen ist, weil Strahlung nicht sichtbar ist, ihre Folgen aber monströs sind; alle ringen um Worte: „Tschernobyl hat unsere Vorstellungskraft getroffen." „Es überstieg die Einbildungskraft".[45] Zum anderen wird durch Alexijewitschs Stimmencollage greifbar, dass und wie der GAU auf tausenden Quadratkilometern Welt tatsächlich eine Art Vernichtungslager errichtet hat, aus dem es für Jahrhunderte kein Entkommen mehr gibt. Wie Anders selbst, der Auschwitz als „moralisch ungleich entsetzlicher" als Hiroshima empfand, die Atombombe aber als „*ungleich schlimmer als Auschwitz*" (BH, S. 203, 206), weil diese in Sekunden Hunderttausende auslöschen kann, äußert sich eine interviewte Dorflehrerin aus der kontaminierten Region: „Ich habe begriffen, daß Tschernobyl über Kolyma, Auschwitz hinausgeht ... Über den Holocaust hinaus ... Drücke ich mich klar aus? Der Mensch mit Axt und Bogen oder der Mensch mit Panzerbüchse und Gaskammern konnte nicht alle umbringen. Aber der Mensch mit dem Atom ... Da ... Da ist die ganze Erde in Gefahr ..." Die Betroffenen aus der sogenannten ‚Zone' lebten „wie im Gulag ... Im Tschernobyl-Gulag".[46] Ein weiterer Gesprächspartner bedient sich einer anderen Anders-‚Metapher': Von zehn Millionen Weißrussen lebten zwei auf radioaktiv verseuchtem Boden – „Material für wissenschaftliche Forschungen ... Ein internationales Laboratorium. Mitten in Europa ... [...] Ein natürliches Labor ... Man braucht nur die Daten aufzuzeichnen".[47] Die ‚Tschernobyl-Menschen', wie sie sich selber nennen, sind zu lebenden Black Boxes geworden, so eine Betroffene: „Wir zeichnen Informationen für die Zukunft auf!"[48]

Beide Aspekte – der Laborcharakter und die fatale Ausweglosigkeit des ‚Weltlagers' – zeigen sich auch in der Diskussion des Klimawandels, bei dem sich wie im Fall Tschernobyl natürliche, technologische, soziale, ökonomische und politische Prozesse mit fatalen Konsequenzen miteinander verquicken. So wäre eine um 3 Grad wärmere Erde dem Klimaforscher Stefan Rahmstorf zufolge „ziemlich sicher [...] voller Schrecken für die Menschen, die sie erleben müssten." Diese künftige, dystopische Erde, deren Konturen sich bereits abzeichnen, wäre geprägt durch ein kaum beherrschbares „Wetterchaos mit tödlichen Hitzewellen, verheerenden Monsterstürmen und anhaltenden verbreiteten Dürren, die weltweite Hungerkrisen auslösen könnten." Hinzu kämen „[s]teigende Meeresspiegel, die unsere Küsten verwüsten. Umkippende Ökosysteme, verheerendes Artensterben, brennende und verdorrende Wälder, versauerte Ozeane. Failed States, riesige Menschenzahlen auf der Flucht."[49] Jean-Luc Nancy hat im Anschluss an Anders deshalb davon gesprochen, dass jede Katastrophe „heute durch das geprägt ist, dessen Paradigma die atomare Gefahr darstellt." Weil alles mit allem verflochten ist – Natur mit Kultur, Ökonomie mit Politik, Technik mit Gesellschaft – gibt es Nancy zufolge streng genommen „keine Naturkatastrophen mehr – es gibt nur eine Katastrophe der Zivilisation, die bei jeder Gelegenheit um sich greift." Man dürfe sich daher nicht auf die Kernkraft fixieren: „Wir müssen zu ihren Risiken all diejenigen hinzunehmen, die mit unseren gesamten Techniken verbunden sind".[50]

Fazit: Bewahren statt verändern

Die Interpretation der Welt als Vernichtungslager, die hier nicht weiter ausgeführt werden kann,[51] sie steht beispielhaft für jene Art der Deutung und ihr

Methodenarsenal, jene propädeutische Theorie-Praxis, die im Zeitalter der Technokratie laut Günther Anders jeder materiellen revolutionären Praxis vorauszugehen hat. Auf was hätte vor diesem Hintergrund, vor der Folie eines ‚Weltzustands Lager', revolutionäre Praxis nun abzuzielen – und mit welchen Mitteln? Günther Anders hat auf diese Fragen, analog zu Marx, weder besonders spezifische noch befriedigende Antworten geliefert. Kurz nach der Nuklearkatastrophe von Tschernobyl im April 1986 plädierte er in der Zeitschrift *natur* wie weiland Marx für die „Kritik der Waffen",[52] konkret für terroristische Anschläge auf Atommanager, was seinem Renommee erheblichen Schaden zufügte.[53] Doch der eigentliche Sinn und Zweck revolutionärer Praxis unter Weltlagerbedingungen besteht nach Anders – dem industriellen Platonismus zum Trotz und im ursprünglichen Sinn des Worts ‚Revolution' – in einer Zurückwälzung des atomaren Status quo respektive einem sukzessiven Rückbau der atomaren Grundstrukturen des globalen Weltlagers (TH, S. 9). Anders zufolge müsste die 11. Feuerbachthese heute also lauten: Durch Technik ist die Welt bis zur Unlebbarkeit verändert; es kömmt drauf an, sie zu bewahren.

Technischer Totalitarismus. Macht, Herrschaft und Gewalt bei Günther Anders

In einer seiner letzten Notizen, zu Papier gebracht 1992 im Wiener Pflegeheim Confraternität, zieht der 90-jährige Günther Anders in Form eines fiktiven Interviews Bilanz. Auf die Frage des imaginären Journalisten nach dem „Hauptthema" seiner Arbeiten antwortet der greise Philosoph: „Der Totalitarismus der sogenannten ‚Freien Welt', deren Bürger dazu gezwungen werden, sich als ‚frei' zu verstehen."[1] Blickt man auf Anders' Werk zurück, etwa die zweibändige *Antiquiertheit des Menschen*, die einst den Arbeitstitel *Der sanfte Terror und andere Konformismus-Studien* trug, auf antifaschistische Romane und Novellen, zahllose Zeitungsartikel, Glossen und „Kampfthesen" (K, S. 5), so trifft das Diktum den Kern Jahrzehnte währender Auseinandersetzungen. Hatte sich der als Günther Siegmund Stern 1902 in Breslau Geborene nach seiner Promotion bei Husserl 1924 noch um eine akademische Karriere als Musikphilosoph und Philosophischer Anthropologe bemüht,[2] ließ ihn der Abwurf der Atombombe auf Hiroshima schließlich „in die Praxis desertieren" (AM 2, S. 12), das heißt, er wurde zum engagierten Intellektuellen.[3] Öffentliche Stationen dieses Engagements waren die westdeutsche Anti-Atomkriegsbewegung gegen die nukleare Aufrüstung der Bundeswehr,[4] die *Fourth World Conference against A- and H-Bombs and for Disarmament* in Tokio 1958, das Russell-Tribunal gegen die amerikanische Kriegführung in Vietnam (*Vietnam War Crimes Tribunal*) 1966/67 sowie die Friedens- und

Anti-Atombewegung im Zuge der deutschen Nachrüstungsdebatte und der Reaktorkatastrophe von Tschernobyl am 26. April 1986. Von philosophischer Systembaukunst hielt Anders zu dieser Zeit ebenso wenig wie vom Universitätsbetrieb. Wenn er in seinen späteren Schriften nach der „Kehre" vom 6. August 1945 (MW, S. XI) grundsätzlich wird, dann mit extracurricularen Mitteln und „im Senkrechtstart" (K, S. 342), das heißt ohne den Vorlauf seminaristischer Präliminarien. Dennoch zeigte sich der „Gelegenheitsphilosoph" am Ende seines Lebens über eine gewisse „Systematik après coup" erstaunt (AM 2, S. 11).

Ziel der folgenden Ausführungen ist es, dieser Systematik hinsichtlich der von Anders nicht präzise ausgearbeiteten Begriffe von Macht, Herrschaft und Gewalt nachzugehen und so den theoretischen Unterbau des philosophischen Deserteurs und politischen Aktivisten auszuleuchten. Erstens rekonstruiere ich Anders' Verständnis technologischer Macht beziehungsweise Herrschaft vor der Folie von Max Webers klassischer Definition, Heinrich Popitz' anthropologischer Machttheorie, Karl Marx' Kapitalsubjekt und Johan Galtungs Konzept struktureller Gewalt. Um Anders' Verständnis von Technokratie zu präzisieren, ziehe ich außerdem die Verbindungslinien des Spätwerks zur frühen Philosophischen Anthropologie[5] des jungen Günther Stern aus den 1920er und 30er Jahren. Auf diese Weise lässt sich der Autor der *Antiquiertheit des Menschen* im Kanon politischer Philosophie als *Kritiker der politischen Technologie* verorten, der Marx'sche Denkfiguren mit anthropologischen Überlegungen verknüpft, letztlich aber Marx von den Füßen auf den

Kopf stellt mit dem Ziel, ein weit verbreitetes Glaubensbekenntnis zu widerrufen: den Mythos vom bloßen Werkzeugcharakter und der politischen Neutralität der Produktionsmittel. Ein abschließender Blick auf Anders' Aufruf zum gewalttätigen Widerstand gegen die Atomkraft macht deutlich, dass Technokratie à la Anders nicht nur eine genuine Form von Macht beziehungsweise Herrschaft im Sinne Max Webers ist, sondern auch eine Form unmittelbarer Aktionsmacht, sprich Gewalt.

Macht, Herrschaft und (strukturelle) Gewalt: Weber, Popitz, Galtung

„*Macht*", so lautet die klassisch gewordene Definition Max Webers, „bedeutet jede Chance, innerhalb einer sozialen Beziehung den eigenen Willen auch gegen Widerstreben durchzusetzen, gleichviel worauf diese Chance beruht."[6] Da Webers Machtbegriff „kein trennscharfes analytisches Instrument" ist,[7] bevorzugt dieser selbst den präziseren (und engeren) Begriff der „Herrschaft", das heißt „die Chance, für einen Befehl bestimmten Inhalts bei angebbaren Personen Gehorsam zu finden".[8] Beide Begriffe setzen notwendig voraus, dass es Menschen gibt, ferner dass diese in einer – quantitativ wie qualitativ asymmetrischen – sozialen Verbindung zueinander stehen. Während einige Wenige, sei es durch persönliches Charisma, sei es vermittelt durch Traditionsbestände oder Verwaltungsstäbe,[9] Macht respektive Herrschaft ausüben, wird dem Rest ein fremder Wille aufgezwungen. Zu diesem Zweck sind nach Weber keinesfalls besonders ausgeklügelte Instrumente oder große Verwaltungsapparate nötig, sondern zunächst bloß „das aktuelle Vorhandensein *eines* erfolgreich *anderen* Befehlenden".[10] Die Asymmetrie der Herrschafts-Relation verweist zudem darauf, dass Macht- beziehungsweise Herrschaftsverhältnisse tendenziell konfliktuöse Sozialbeziehungen sind. Das macht sie anfällig für Gewalt.

Letztere zählt laut Heinrich Popitz zu den vier „Grundformen der Macht", das heißt, sie ist seit jeher gegenwärtig und hat daher den Status einer anthropologischen Konstante. Weil der Mensch ein relativ instinktentbundenes und phantasiebegabtes Wesen sei und heute außerdem über schier unermessliche technische Mittel verfüge, seien seiner „Aktions-" beziehungsweise „Verletzungsmacht" buchstäblich keine Grenzen gesetzt: „Der Mensch muß nie, kann aber immer gewaltsam handeln, er muß nie, kann aber immer töten – einzeln oder kollektiv – gemeinsam oder arbeitsteilig – in allen Situationen [...] – in verschiedenen Gemütszuständen [...] – für alle denkbaren Zwecke – jedermann."[11] Popitz zufolge ist Gewalt „punktförmige" Macht, das heißt, sie richtet sich stets gegen den „verletzungsoffenen" menschlichen Körper. Demgegenüber sorge die verhaltenssteuernde „instrumentelle Macht" mittels Drohungen und Versprechen für längerfristig stabilisierte Machtverhältnisse. Max Webers charismatischer Herrscher findet Platz in Popitz' Konzept „autoritativer Macht", deren anthropologische Prämisse die menschliche Maßstabsbedürftigkeit, das Bedürfnis nach Anerkennung ist. Hilfreich für die Rekonstruktion des Anders'schen Machtbegriffs ist die vierte und letzte Grundform der „datensetzenden" beziehungsweise „objektvermittelten" Macht. Sie entfaltet ihre zwingende Kraft indirekt durch Artefakte, ist jedoch laut Popitz „keineswegs eine Macht der Dinge über den Menschen" (alles andere wäre in Popitz' Augen Ideologie), „sondern eine Macht des Herstellens und der Hersteller; eine vom Hersteller in das Ding eingebaute, oft längere Zeit latente Macht", die ihre eigentliche Wirkung als „Macht-Mine" erst Generationen später entfalten kann.[12] Auch bei Popitz also gilt: Ohne menschliche Subjekte, ohne Homines fabri, keine Machtentfaltung und erst recht keine Gewalt.

Im Gegensatz zu Popitz, der ausdrücklich davor gewarnt hat, den Begriff der Gewalt zu überdehnen,[13] hält der Begründer der Friedens- und Konfliktforschung Johan Galtung einen logisch (das heißt nicht nur material) „*erweiterte[n] Begriff von Gewalt*" für „unabdingbar". Nach Galtung liegt Gewalt nämlich nicht nur dann vor, wenn Menschen andere Menschen verletzen oder töten, sondern immer dann, „*wenn Menschen so beeinflußt werden, daß ihre aktuelle somatische und geistige Verwirklichung geringer ist als ihre potentielle Verwirklichung.*"[14] So verstanden, als eine spezifische Form von Beeinflussung, muss Gewalt keineswegs direkt und ausschließlich auf menschliche Körper abzielen.[15] Auch Lüge, Gehirnwäsche, Indoktrinationen und Drohungen (bei Popitz Merkmale instrumenteller Macht) behindern laut Galtung die – in diesem Fall psychische – Potenzialentfaltung und sind daher als Formen von Gewalt zu klassifizieren.[16] Die wichtigste, bekannteste und zugleich problematischste Unterscheidung in Galtungs Gewaltkonzept ist zweifellos die zwischen *personaler* beziehungsweise direkter Gewalt auf der einen sowie nicht-intentionaler, indirekter oder *struktureller* Gewalt auf der anderen Seite. Strukturelle Gewalt werde nicht von Personen ausgeübt, sie sei vielmehr „in das System eingebaut und äußert sich in ungleichen Machtverhältnissen und folglich in ungleichen Lebenschancen." Ursache struktureller Gewalt ist Galtung zufolge *„soziale Ungerechtigkeit"* (und nicht etwa datensetzende Macht).[17] Sobald diese sich strukturell etabliert habe, werde die ohnehin geringe Macht der „underdogs" einer Gesellschaft entscheidend geschwächt. Gegen die strukturelle Gewalt der „topdogs" haben die Beherrschten Galtung zufolge kaum eine Chance, „weil die Struktur sie der Möglichkeit beraubt, Macht zu organisieren".[18] Zwischen struktureller Gewalt und sozialer Ungerechtigkeit wird auf diese Weise ein Bedingungsverhältnis etabliert; Galtungs Herrschafts- und Gewaltbegriff ist also „stark normativ aufgeladen",[19] so Katharina Inhetveen – genau genommen gleich doppelt: einmal hinsichtlich des negativ konnotierten Begriffs sozialer Ungerechtigkeit, zum anderen durch den nicht besser beleumdeten Gewaltbegriff selbst.

Um die im Unterschied zu direkter personaler Gewalt deutlich weniger sichtbare strukturelle Gewalt zu identifizieren, muss Galtung seiner eigenen Definition folgend Sozialstrukturanalyse betreiben. Sie wird „notwendige Voraussetzung für das Verständnis der strukturellen Gewalt"[20] – und Sozialstruktur auf diese Weise mit Gewalt amalgamiert, da Galtung nicht trennscharf zwischen Ungleichheit und Ungerechtigkeit unterscheidet und vollständig gerechte Sozialstrukturen („gleiche Verteilung der Macht und Ressourcen") kaum denkbar sind;[21] jedenfalls nicht, solange man mit Popitz annimmt, das Streben nach Macht und infolgedessen die Ausbildung von Machtverhältnissen seien Wesenszüge des Menschen. Und tatsächlich behauptet Galtung, alle Gesellschaftssysteme hätten, sofern man sie nicht daran hindere, „im allgemeinen die Tendenz" Strukturbildungsmechanismen mit eingebautem sozialem Gefälle zu entwickeln, was Galtung wie Popitz anthropologisch begründet: „Zum Menschen gehört es, daß Menschen von Menschen eingestuft werden müssen, d.h., es wird immer ein Element von Rangfolge geben."[22]

Technik als Subjekt: Von der Weltfremdheit des Menschen zum prometheischen Gefälle

Auch Anders' Überlegungen zu Macht, Herrschaft und Gewalt im technologischen Zeitalter basieren auf einem anthropologischen Fundament. „In keinem anderen Sinne, als Napoleon es vor 150 Jahren von der Politik, und Marx es vor 100 Jahren von der Wirtschaft behauptet hatte", schreibt er in der Einleitung zum ersten Band der *Antiquiertheit des Menschen*, „ist die Technik nun unser Schicksal. Und ist es uns vielleicht auch nicht möglich, die Hand unseres Schicksals zu leiten, ihm auf die Finger zu sehen, darauf sollten wir nicht verzichten." (AM 1, S. 20) Der (implizite) Hinweis auf die „invisible hand" Adam Smiths und vor allem auf Marx lassen den Schluss zu, dass auch für Anders alle Macht letztlich Menschenwerk ist und sich – wie Marxens Kapitalsubjekt oder Popitz' „Macht-Minen" – erst im Laufe der Zeit beziehungsweise unter spezifischen gesellschaftlichen Produktionsbedingungen („hinter dem Rücken der Produzenten", wie es im *Kapital* heißt) verselbständigt. So wie bei Marx der Wert zum selbstzweckhaften, automatischen „Subjekt eines Prozesses [wird], worin er [...] sich selbst verwertet", kurz: zum „sich selbst verwertende[n] Wert",[23] wird die Technik bei Anders als „*Subjekt der Geschichte*" betrachtet, das den Menschen nur noch „mitgeschichtlich" sein lässt (AM 2, S. 9; bei Anders in Anführungszeichen). Damit sei „unsere geschichtliche Rolle vis-à-vis der Geschichte der Technik keine andere, als es die des Proletariats vis-à-vis der Geschichte der herrschenden Klasse gewesen war", meint Anders. „Oder, in einem Vergleich, der der Wahrheit vielleicht noch näher kommt: Unser Verhältnis vis-à-vis der Technik ist kein anderes als das des Einzelarbeiters vis-à-vis ‚seiner' Maschine" (AM 2, S. 322).[24] Wie Marx denkt Anders dieses Verhältnis historisch, das heißt, dass die Menschen sich erst durch die *moderne* Technik „haben entthronen lassen" (AM 2, S. 310) – was im Umkehrschluss bedeutet, sie müssen ihrer einmal mächtig gewesen sein, oder mindestens auf Augenhöhe mit ihr existiert haben. Und in der Tat ist die Technik nach Anders grundsätzlich Teil des menschlichen Wesens.

In seinen frühen anthropologischen Entwürfen aus den 1920er und 30er Jahren charakterisiert er den Menschen im Gegensatz zum Tier als „weltfremd". Der Mensch sei keineswegs schon immer *in* der Welt, wendet Anders gegen Heidegger ein. Sein Weltverhältnis zeichne sich vielmehr durch ein „*Insein in Distanz*" aus, einen spezifischen „*Abstand des Menschen von der Welt in der Welt*" (WM, S. 16). Dieser anthropologische Abstand verbürgt nach Anders zugleich die menschliche Welt*offenheit* beziehungsweise Freiheit. Der Mensch als solcher sei nicht festgelegt. Er mache etwas aus sich selbst (mit anderen Worten: er legt sich selbst fest), indem er sich in der ihm fremden Welt einrichte; indem er den ontologischen Abstand zur Welt nachträglich herstellend und handelnd überbrücke. So schaffe er sich je seine „Welt über der Welt“ (WM, S. 21) – eine eigene artifizielle ‚Behausung‘ inklusive spezifischer personaler und sozialer Identitäten im Rahmen selbst geschaffener Sozialstrukturen. Nur weil Mensch und Welt also nicht wie Schlüssel und Schloss zueinander passen, eröffnen sich nach Anders überhaupt Handlungsspielräume, aber auch Handlungsnotwendigkeiten (abgesehen davon, dass die „Welt über der Welt“ für die meisten Menschen eher ein Herrschaftsverhältnis zu ihren Ungunsten bedeutet, wie Anders früh bemerkt; WM, S. 322–330). An dieser Stelle kommt zwangsläufig die Technik als Werkzeug der nachträglichen Welteinrichtung und -zurichtung ins Spiel: „Technisches Handeln – und das heißt zunächst handwerkliches Handeln – ist gleichsam der Schopf oder einer der Schöpfe, an dem sich der Mensch aus sich selbst herausgezogen hat“, heißt es bei Popitz treffend.[25]

Die längste Zeit der Menschheitsgeschichte ändert sich Anders zufolge am Primat des Menschen über seine Herstellungsmittel nichts, auch wenn diese selbst in ihren primitivsten Formen bereits ein gewisses „Verwendungs-Geleise“ (AM 1, S. 199) vorzeichnen mögen.[26] Langfristig aber entwickelt sich laut Anders, der damit die Theoriefigur Georg Simmels von der „Tragödie der Kultur“ aufgreift,[27] zwischen den Menschen und ihren immer ausgeklügelteren technischen Artefakten eine Art sekundärer, hausgemachter Abstand, das „prometheische Gefälle“: „Die Tatsache der täglich wachsenden *A-synchro-*

nisiertheit des Menschen mit seiner Produktewelt" (AM 1, S. 29). Je komplexer die Werkzeuge der Weltaneignung, desto größer die Gefahr, ihnen selbst nicht mehr gewachsen zu sein. Weil dem so ist, greift laut Hajo Schmidt „die anthropologisch-instrumentale Technikdeutung, die auf den individuellen Technikgebrauch in der Regel zutrifft", angesichts moderner, systemrelevanter Technologien längst zu kurz.[28] So dürfe man die Verfügungsgewalt des Menschen über die Technik „nicht einfach unterstellen", schreibt Anders mit implizitem Seitenhieb auf Adorno, welcher im Anschluss an Marx die Auffassung vertrat, „[d]ie Technik als Technik" sei „weder gut noch böse; sie ist wahrscheinlich eher gut."[29] Anders hingegen hielt es für wahrscheinlicher, „daß die Gefahr, die uns droht, nicht in der schlechten Verwendung von Technik besteht, sondern im Wesen der Technik als solcher angelegt ist." (AM 2, S. 139)

„Weltzustand Technik"

Historisch betrachtet wird die Technik nach Anders erst mit der Erfindung der maschinellen Produktion von Maschinen sowie schließlich der Atombombe zu einem *politischen Problem* – für den Menschen als leiblich-seelisches Wesen wie für dessen schieres Überleben (so trägt der erste Band der *Antiquiertheit des Menschen* aus dem Jahr 1956 den Untertitel *Über die Seele im Zeitalter der zweiten industriellen Revolution*; der 24 Jahre später erschienene zweite Band befasst sich mit der *Zerstörung des Lebens im Zeitalter der dritten industriellen Revolution*). Historischer Ausgangspunkt jener Destruktionsprozesse, die Anders in seinen beiden

Haupt- und den zahlreichen Nebenwerken im Blick hat, ist also die erste industrielle Revolution des 19. Jahrhunderts. An dieser Stelle verortet er den Ursprung einer neuen Herrschaftsform – der *Technokratie* im Wortsinn – und damit der Antiquiertheit des Menschen. Denn im Gegensatz zu einfachen Werkzeugen und Geräten verlangten Maschinen die Anpassung des Menschen an den spezifischen Maschinenrhythmus und die Logik der Maschine. Dieser technogene Anpassungsdruck nimmt Anders zufolge im Laufe der Zeit so stark zu, dass sich das ursprüngliche instrumentelle Verhältnis zwischen Mensch und Werkzeug, von Zweck und Mittel – analog zur Mehrwertproduktion bei Marx – umkehrt, wodurch die Technik zum eigentlichen Motor, zum Subjekt der Geschichte avanciert.

Erklärungsbedürftig ist an dieser Stelle vor allem Anders' Verständnis von Technokratie. Für gewöhnlich versteht man unter diesem Begriff ein Gesellschaftssystem, in dem Techniker, Bürokraten und Ingenieure aufgrund der ihnen zugeschriebenen oder selbst angemaßten Expertise herrschen.[30] Auch Anders verweist gelegentlich auf die sogenannten „Interessenten der Technik“ oder allgemeiner auf die „power-Elite“ (AM 2, S. 163), in *Wir Eichmannsöhne* ist gar verschwörerisch von den „Dunkelmännern des technischen Zeitalters“ die Rede (WE, S. 26). Offensichtlich gibt es für Anders auch Herren, „die über die Bombe verfügen.“ (AM 1, S. 275) Es seien „bestimmte Menschen und bestimmte Interessen, die es unter Umständen in Kauf nehmen, die Menschheit umzubringen.“[31] Anders will also keineswegs bestreiten, „daß es beträchtliche Machtgruppen und wichtige Persönlichkeiten gegeben hat, die die Bombe [...] als Druckmittel verwendeten und auch heute noch so verwenden" (AM 1, S. 284 f.), die also eine gewisse Souveränität im Umgang damit zu besitzen scheinen. Doch seien diese Personen oder „Machtgruppen" – analog der vom Kapitalsubjekt ebenso wie die Proletarier unterworfenen Kapitalisten bei Marx – ihrem Eigentum „phantasie- oder gefühlsmäßig genau so wenig gewachsen" wie ihre „prospektiven Opfer" (AM 1, S. 284, 268 f.) – und das gilt für Anders wiederum nicht nur im Hinblick auf die Atombombe. Ihr Besitz übersteigt ebenso wie der Einsatz anderer komplexer Technologien die Kompetenz jedes noch so gut ausgebildeten Technikers, jeder noch so gut informierten Politikerin: „Die meisten von denen, die unsere Geschicke leiten, tun das völlig blind, mindestens völlig phantasielos." (HÜ, S. 367) Hinter den „Dunkelmännern" der Technokratie verbirgt sich also kein Komplott neo-platonischer Philosophenkönige. Günther Anders hatte keine Weisenkaste vor Augen, wie sie etwa in Thomaso Campanellas Realutopie *Città del Sole* den Fürsten Pon, Sin und Mor als Exekutiv-Techniker und Sittenwächter dienen,[32] sondern schlicht mehr oder weniger unbedarfte „Charaktermasken".[33] So versteht Anders also unter Technokratie „die Tatsache, daß die Welt, in der wir heute leben und die über uns befindet, eine technische ist – was so weit geht, daß wir *nicht mehr sagen dürfen, in unserer geschichtlichen Situation gebe es u.a. auch Technik, vielmehr sagen müssen: in dem ‚Technik' genannten Weltzustand spiele sich nun die Geschichte ab, bzw. die Technik ist nun zum Subjekt der Geschichte geworden,* mit dem wir nur noch ‚mitgeschichtlich' sind." (AM 2, S. 9)

Neben der Maschine, die für diese Entwicklung ursächlich ist, gilt Anders die Werbeindustrie als zweite revolutionäre Innovation der technokratischen Epoche. Diese erzeuge ein spezifisches Produkt zweiten Grades, genannt Bedarf. Mit der Entwicklung der Atombombe, jenes Produktionsmittels, „das die Menschheit zum ersten Male dazu instandgesetzt habe, *ihren eigenen Untergang zu produzieren*“ (AM 2, S. 20), ist für Anders das letzte historische Stadium der Technikherrschaft – das Zeitalter der „Frist“ – erreicht. Alle bedeutenden historischen Zäsuren und wissenschaftlichen, technologischen Entwicklungen nach 1945, etwa die Erzeugung neuer chemischer Elemente oder die moderne Gentechnik, will er nur noch als Binnen-Revolutionen innerhalb einer atomar verfassten Restlaufzeit der Menschheit verstanden wissen. Daraus folgt: Die moderne Welt, wie Anders sie sieht, ist nicht mehr vornehmlich von Menschen bevölkert und konstituiert. Stattdessen wird sie von Produkten, Geräten und Maschinen regelrecht besetzt. Das herrschende Besatzerregime – die „Diktatur der Technik“ (AM 2, S. 119) – träume von der Verwandlung der Welt in eine gigantische Totalmaschine. Denn alle Einzelgeräte und Apparate besitzen Anders zufolge eine ihnen „innewohnende[.] Zielidee“ (AM 2, S. 123), die sie gemeinsam auf den idealen Endzustand des alle anderen Apparate in sich aufhebenden Totalapparats zustreben ließen; einen Weltzustand, in dem ‚Technik‘ und ‚Welt‘ oder auch ‚Gesellschaft‘ nur unterschiedliche Namen für ein und dieselbe Sache sind und den Anders daher auch „das chiliastische Reich des technischen Totalitarismus“ (WE, S. 55) nennt oder, den Jargon der Nazis persiflierend, als „*Volksgemeinschaft der Apparate*" apostrophiert (AM 2, S. 128). Gemäß dem ihnen innewohnenden Prinzip der Maximalleistung versuchten alle Maschinen und Apparate, sich ein nach ihrem eigenen Leistungstakt ausgerichtetes „Dienst- und *Kolonialreich*" zu erobern, das „aus Zubringern, Bedienungsmannschaften, Konsumenten usw." bestehe. Auf dem Weg dorthin gibt es nach Anders keinerlei Stoppregeln. Das Prinzip sei iterativ, da jeder neue Zusammenschluss einzelner Geräte und Apparate zu komplexeren Apparaten und Funktionssystemen neuen Anpassungs- und Integrationsbedarf erzeuge: „[D]er *Akkumulationshunger der Maschinen ist unstillbar*" (WE, S. 50 f.) und ziele darauf ab, die ontologische Differenz von (Um-)Welt und Maschine sukzessive zu eliminieren, bis alle Maschinen zu einer einzigen „Weltmaschine" (WE, S. 52; bei Anders in Anführungszeichen) verwachsen seien. Frei nach Lenin: „Weltzustand Technik" = prometheisches Gefälle plus Elektrifizierung des ganzen Landes.[34] Diesem „*technisch-totalitäre[n]* Zustand" gegenüber hielt Anders den von seiner ersten Frau Hannah Arendt analysierten politischen Totalitarismus für „ein Sekundärphänomen" (WE, S. 53, 60): „Vielmehr wohnt der Technik als solcher das Prinzip ‚Oligarchie' ein. Und das bedeutet, daß sie politisch-oligarchischen Herrschaftsformen Vorschub leistet. Negativ: daß sie wesensmäßig der Demokratie zuwiderläuft; mindestens sofern man als deren, allen ihren geschichtlichen Spielformen zugrundeliegendes, Prinzip die Majoritätsherrschaft anerkennt." (AD, S. 196) Die Gerätewelt schalte uns „*diktatorischer, unwiderstehlicher und unentrinnbarer gleich, als es der Terror* oder die dem Terror untergeschobene Weltanschauung eines Diktators jemals tun *könnte*, jemals hat tun können.“ (AM 2, S. 227)

Zusätzlich angeheizt wird der immanente Expansionsdrang der Technik bei Anders aber auch vom „Macht- und Expansionsdrang des Kapitalismus“ (HÜ, S. 369) respektive von der herrschenden „Wirtschaftsontologie“. Deren Motto laute: „*Unverwertbares ist nicht; oder nicht wert zu sein*“ und „*Mache alles verwertbar!*“ (AM 1, S. 207, 209) Homo faber und Homo oeconomicus, die idealtypischen Bewohner der technokratisch-kapitalistischen Moderne, sehen „in der Welt als Ganzer eo ipso nur Material“, so Anders (AM 1, S. 210). In einer derart von Verwertungsimperativen, Apparaten und ihren Leistungsprinzipien beherrschten Epoche sei sie nur noch „*als eine auszubeutende Mine*“ (AM 2, S. 34), als Rohstoff und bloße Verfügungsmasse für technische Apparate und kapitalistische Unternehmungen relevant. Ähnlich übergreifend und totalitär wie das akkumulierende Maschinennetz verhält sich nach Anders auch die Gesamtheit der uns umgebenden Waren. Diese habe sich mit Hilfe der Werbeindustrie selbst in ein gigantisches, moralisch aufgeladenes Produktionsmittel verwandelt, dessen Hauptaufgabe in der Herstellung einer Lebenshaltung des permanenten Bedürfens bestehe. Der gigantische Warenkosmos verheißungsvoller Angebote entpuppt sich für Anders als eine Welt rigider Kauf*gebote*, als Appell zur konsumistischen Schonungslosigkeit, in der jede Form des Nicht-Konsums als Sabotageakt gilt (AM 2, S. 44–47). Es sei der gigantische Warenkosmos selbst, der – wie die beständig anwachsende Apparatefamilie – um seine permanente Ergänzung und Vergrößerung buhle und eine Zwangsgemeinschaft wechselseitig aufeinander angewiesener Elemente begründe: „*Jede einmal erworbene Ware verlangt*, um verwendbar zu bleiben, mindestens um nicht sofort unbrauchbar zu werden (auch aus Prestige-Gründen: um von ihr ebenbürtigen Gegenständen umgeben zu sein) *den Kauf weiterer Waren; jede dürstet nach einer anderen, nein, nach anderen.*" (AM 1, S. 200)[35]

Fassen wir zusammen: Hatte der anarcho-liberale Staatskritiker Henry David Thoreau einst metaphorisch von der „Maschine der Gesellschaft" gesprochen,[36] entpuppt sich die moderne Gesellschaft nach Anders *de facto* als totalisierender technogener Strukturzusammenhang. Arnold Gehlen spricht analog von einer „allmächtige[n] Superstruktur" aus Technik, Industrie und Naturwissenschaft: „Heute ist der Zustand erreicht, in dem man die Naturwissenschaften, die Technik und das Industriesystem funktionell im Zusammenhang sehen muß."[37] Wie Anders sieht auch Gehlen die gesamte moderne Gesellschaft von technologischen Maximen durchherrscht,[38] genauer von technologischen *und* kapitalistischen Imperativen gleichermaßen. Auch Anders denkt beide Aspekte zusammen, wenn er im ersten Band der *Antiquiertheit* konstatiert, „[d]as Gerätesystem ist unsere ‚*Welt*'" – und im zweiten ergänzt: „[W]o immer wir hintreten, ist Markt" (AM, S. 15; AM 2, S. 348). Nicht ohne Grund sieht er in der Erfindung der Werbung die zweite Stufe der drei genannten industriellen Revolutionen. Doch auch wenn vom totalitären Warenkosmos bei ihm mindestens so häufig die Rede ist wie von der Herrschaft der Geräte, steht Letztere klar im Fokus. Waren, vor allem aber technische Artefakte,

Maschinen und Apparate sind – so lautet die Quintessenz der Anders'schen Technik- und Gesellschaftsphilosophie – alles andere als neutrale Mittel oder Mittelsysteme. Nimmt man Anders' Technokratiebegriff beim Wort, treten uns technologische Artefakte und Produkte als regelrechte „Pseudo-Personen“ (AD, S. 103) gegenüber. Diese sozialen Co-Akteure müssen Anders zufolge handlungstheoretisch und politisch ernst genommen werden, denn sie sind nun Teil des sozialen Bands, nicht länger des gesellschaftlichen Außen. Sie als bloße Mittel zu betrachten, verfehlt nach Anders ihr ‚Wesen', ihre Subjekthaftigkeit beziehungsweise *agency*. Mit seinen Überlegungen zur Maximalleistungs- und Aufzehrungstendenz der Technik geht Anders jedoch deutlich über das Konzept der datensetzenden Macht, die gleichsam stellvertretend herrscht, hinaus (von neueren relationalen Ansätzen wie etwa bei Bruno Latour ganz zu schweigen). Die Technik handelt bei Anders also nicht nur mit, sie bestimmt, wo es langgeht. Nicht Mittel seien unsere modernen Geräte und Apparate,

> sondern ‚Vorentscheidungen': Diejenigen Entscheidungen, die über uns getroffen sind, *bevor* wir zum Zug kommen. Und, genau genommen, sind sie nicht ‚Vorentscheidungen', sondern *die* Vorentscheidung. Jawohl, *die*. Im Singular. Denn einzelne Geräte gibt es nicht. Das Ganze ist das Wahre. Jedes einzelne Gerät ist seinerseits nur ein Geräte-*Teil* [...]; ein Stück, das teils die Bedürfnisse anderer Geräte befriedigt, teils durch sein eigenes Dasein anderen Geräten wiederum Bedürfnisse nach neuen Geräten aufzwingt. Von

> diesem System der Geräte, diesem *Makrogerät*, zu behaupten, es sei ein ‚Mittel', es stehe uns also für freie Zwecksetzung zur Verfügung, wäre vollends sinnlos. Das Gerätesystem ist unsere ‚*Welt*'. (AM 1, S. 14 f.)

Begriffe wie ‚Welt' oder ‚Gesellschaft' implizieren im „Weltzustand Technik" daher nicht länger „Wechselwirkung" (Simmel) zwischen Menschen, sondern ein Gefüge aus Menschen, Dingen, technologischen Praktiken und Apparaten. Letztere treten Gabriele Althaus zufolge in diesem Gefüge als Mittelglieder auf, in denen „Technisches und Soziales sich so verknüpfen, daß das, was vordem Gesellschaft hieß, nach dem Bild des Apparates technisch hergestellt wird und vice versa."[39] Regiert, in ihrer Freiheit und Existenz eingeschränkt werden menschliche Subjekte innerhalb dieses Ensembles nicht nur punktuell – durch Popitz'sche „Macht-Minen", Ding gewordene Herrschaft und nicht-intendierte Nebenfolgen von Technik, sondern in umfassender Weise von den „stummen Prinzipien und Maximen" des „Makrogeräts". Dessen Macht ist für Anders außerdem nicht praktisch reversibel wie die strukturelle Gewalt bei Galtung. Denn das Ringen um die Macht zwischen Mensch und Technik ist gefällebedingt, das heißt *strukturell* zugunsten der Letzteren entschieden (analog zu Georg Simmels Abstand zwischen subjektiver und objektiver Kultur, der niemals mehr einholbar ist). Die technologischen Pseudo-Personen betreiben auf der historischen Bühne nach Anders erfolgreich Interessenvertretung in eigener Sache; als weltumspannendes Netz begründen sie, wie Marxens Wertsubjekt und sein inhärenter Automatismus, den von Anders unterstellten Subjektstatus der Technik. Gleich dem Proletarier des 19. Jahrhunderts angesichts einer als unberechenbar begriffenen ökonomischen Entwicklung befinde sich die gesamte Menschheit im „Weltzustand Technik“ nun in der Rolle des Beherrschten, von „Neo-Proletarier[n]“ (AM 2, S. 331). Insofern ist das eigentliche Skandalon der Anders'schen Gesellschaftskritik nicht länger bloß Verdinglichung respektive Entfremdung, die Entpersonalisierung und Ausbeutung des Menschen, die Marx in seinen *Ökonomisch-philosophischen Manuskripten* von 1844 angeprangert hatte. Anders fokussiert vor allem „die andere (von der Philosophie bislang vernachlässigte) Seite desselben Prozesses“, nämlich „daß, *was dem Menschen durch Verdinglichung entzogen wird, den Produkten zuwächst*: daß diese, da sie durch ihr bloßes Dasein bereits etwas tun, zu Pseudo-Personen werden.“ (AD, S. 103)

Die zahlreichen impliziten und expliziten Einlassungen zu Marx sind bei Anders von zentraler Bedeutung, weil damit nicht weniger beabsichtigt wird als „a serious conceptual reorientation of social critique“:[40] Wird Technik nämlich als Subjekt weltgeschichtlicher Entwicklung begriffen, entpuppt sich der Kalte Krieg der Systeme als lediglich vordergründige Auseinandersetzung im Rahmen einer in Wahrheit globalen, systemübergreifenden Akkumulations- und Usurpationstendenz der Technik. Oder, in marxistischer Diktion formuliert: Das Problem sind nicht, das heißt nicht mehr oder nicht mehr allein die Produktionsverhältnisse, sondern auch, ja vor allem die Produktions*mittel*! Während die marxistische Theorie sich ganz auf Eigentumsverhältnisse, Ausbeutung und Klassenkampf fokussiere, übersehe sie das Problem technologischer Herrschaft, so Dawsey.[41] Doch Ost und West, Nord und Süd, Arm wie Reich gehorchen nach Anders heute ein und denselben Geräteimperativen:

> „Ich bediene mich des Ausdrucks ‚totalitär' so selten wie möglich, und zwar deshalb, weil ich ihn für mißbraucht halte, für kaum weniger suspekt als die Sache, die er bezeichnet. [...] Bekanntlich wird der Ausdruck fast nur von solchen Theoretikern und Politikern verwendet, die beteuern, Bürger von nicht- oder antitotalitären Staaten zu sein. [...] In 99 von 100 Fällen gilt der Totalitarismus als eine primär politische Tendenz bzw. als ein primär politisches System. Und das halte ich für unwahr. Im Unterschiede dazu wird hier die These vertreten, daß *die Tendenz zum Totalitären zum Wesen der Maschine gehöre und ursprünglich dem Bereiche der Technik entstamme*; daß die jeder Maschine als solcher innewohnende Tendenz [...] die Grundtatsache darstelle; und daß der politische Totalitarismus, wie entsetzlich immer, nur Auswirkung und Variante dieser technologischen Grundtatsache darstelle. (AM 2, S. 492 [Anm. 2])

„Welt ohne Mensch"

Die in Anders' Augen totalitäre, liquidatorische List der technologischen Vernunft, die den vordergründigen Systemantagonismus aushebelt und letztlich zum Verschwinden bringt, wird am eindrücklichsten von der Atombombe verkörpert, dem technokratischen Avantgardesubjekt. Während die Komplexität des Gerätesystems und das Dirigat der Produkte laut Anders zu einer schleichenden Entweltlichung des Menschen führen – zum „Menschen ohne Welt“ –, der seine Existenz als antiquiertes Wesen in einem Ionesco-haften Gehäuse aus Apparaten und Waren fristet, droht die Atombombe selbst diesen rudimentären Existenzmodus zu annihilieren und aus der artifiziellen Weltmaschine mit humanen Bedienelementen eine „Welt ohne Menschen“ zu machen (MW, S. XV).

Die exklusive Stellung der Bombe im Gerätekosmos resultiert nach Anders vor allem aus ihrer Eigenschaft, das Wesen der Geschichte zu verändern. Denn die Epoche, in der die Menschen seit Hiroshima und Nagasaki lebten, sei nicht länger ein Zeitalter im üblichen Sinn. Es handele sich vielmehr um „das letzte Stück Geschichte“ (AD, S. 61), weil es jederzeit mittels atomarer Sprengkraft endgültig beendet werden könne. Die Möglichkeit des Übergangs sei diesem Endstück Geschichte grundsätzlich versagt, weil der Übergang „*nur in der Form des Unterganges* vor sich gehen könnte, und zwar als Untergang schlechthin, als Untergang der gesamten vergangenen und künftigen Geschichte, nicht nur als Untergang unserer Epoche.“ Der atomare Weltfriedhof wäre „ein Friedhof ohne Hinterbliebene“: „Zum ‚Wesen‘ der gewesenen Geschichte als ganzer wird es gehören, daß sie (im Unterschied zu Ereignissen innerhalb ihrer selbst) von niemandem wird erinnert oder überliefert werden können.“ (AD, S. 60, 174) Wollte ein extraterrestrischer Beobachter die Geschichte der Menschheit nach der atomaren Apokalypse dennoch erzählen, so müsste er laut Anders auf ein selten verwendetes Tempus zurückgreifen: das Futur II oder auch Vor-Futur (Futur Perfekt). Für gewöhnlich als Wahrscheinlichkeitsform gebraucht,[42] bezeichnet es bei Anders mit indikativischer Strenge die „völlig neue, die apokalyptische Art von Vergänglichkeit, [...] neben der alles, was bis heute ‚Vergänglichkeit' geheißen hatte, zur Bagatelle geworden ist." (HÜ, S. 218) *Sub specie* der Atombombe erscheint Anders zufolge das, was heute (noch) ist, als das, was „morgen schon ein [...] Nur-Gewesenes" sein kann, genauer: ein Nicht-einmal-mehr-Gewesenes. Im atomaren Weltenbrand würde also nicht einfach gestorben; ausgelöscht wäre mit der Menschheit auch jede Erinnerung an deren eigene Vergangenheit wie ihre prospektiven Zukünfte. Dies machte die Zeit selbst zu einem „Zwischenfall [...] zwischen zwei Nichtsen" – dem zunichte gemachten Gewesenen und dem künftig nicht mehr Seienden, die beide schließlich mangels eines kosmischen Berichterstatters, der einzig dazu in der Lage wäre, den dann bedeutungslos gewordenen Unterschied zu überliefern, zu einem einzigen Nichts „zusammenwachsen" würden (HÜ, S. 218). Aus diesem Grund kritisierte Anders Karl Jaspers' populäres Buch *Die Atombombe und die Zukunft des Menschen* (1958)[43] scharf. Gegen Jaspers, der im Zweifel für die Freiheit, das heißt für die westliche Verteidigungsdoktrin votierte und in unilateralen Abrüstungsvorschlägen nur den ersten Schritt zur Selbstauslieferung des Westens an den Ostblock sah, verteidigte Anders den Vorrang des puren Überlebens als Bedingung der Möglichkeit von Menschheitsgeschichte. Auf diese Weise ließ er die philosophiehistorisch wie systematisch bedeutende Frage nach dem *gu-*

ten Leben nicht etwa fahren. Er band sie lediglich an ihre Voraussetzung zurück: Nicht das gute Leben sei im Atomzeitalter in Gefahr, sondern Leben als solches, und damit auch die Möglichkeit von Geschichtlichkeit, von – so radikalisiert der einstige Heidegger-Eleve Anders seinen akademischen Lehrer – Sein und Zeit *und* Raum überhaupt.

Unter diesen in Anders' Sinne *totalitären* Bedingungen – der Herrschaft der Technik, der Waren und der atomaren Drohung – wirkt die Rede von der ‚Freien Welt' nun tatsächlich fragwürdig: „Nein, die Welt weiter in eine ‚freie' und in eine ‚unfreie' aufzuteilen, das bedeutet einfach, sklavisch Schlagwörter nachreden, also – *unfrei* sein.“ (HÜ, S. 386) So erblickt Anders hinter der Fassade „der heutigen demokratisch aufgeputzten Herrschaft“ (BV, S. 115) lediglich einen – atomar prekären – „Zustand der ‚*bequemen Unfreiheit*'“ (AM 2, S. 60). Zwar sehe dieser Zustand „verglichen mit dem nackten Terror, der Europa zwischen 1933 und 1945 im Griff hielt, sehr milde aus.“ (AM 2, S. 298) Doch der Akkumulationshunger der Geräte, Apparate und Produkte und die bis heute weiter bestehende Atomgefahr legten für Anders nur einen Schluss nahe: „[W]as wir erreicht haben, ist bereits der ‚totalitäre' Staat“ (G, S. 28); ein virtueller Weltstaat, in dem allerlei heiße und kalte Kriege gemäß Anders den Charakter von bloßen Binnen- statt Systemkonflikten annehmen. Mit Galtungs Verständnis struktureller Gewalt lässt sich dieses Konzept totalitärer Technokratie nur im übertragenen Sinn in Deckung bringen (siehe unten). Ungerechte Verhältnisse zwischen Individuen, ausgedrückt und verfestigt in sozialen Strukturen, sind Anders zufolge so wenig das Problem wie die

Produktionsverhältnisse. Zwar pflichtet er Marx in vieler Hinsicht bei, stellt sich in seiner Technikphilosophie aber eindeutig gegen den Primat des Tauschprinzips und des Klassenantagonismus und damit auch gegen Marxens dynamische Auffassung von historisch-politischer Entwicklung. Entfremdung und Knechtschaft sind für ihn „in viel höherem Maße Folgen der Technik als der Eigentumsverhältnisse" (AM 2, S. 120). Sein Augenmerk richtet sich in seinen Studien zum Fernsehen, zur Atombombe oder zur Weltraumfahrt unmittelbar auf das, was die Produktionsmittel mit dem Produktionsmittelhersteller machen – unabhängig von politischen Rahmenbedingungen. Die „Diktatur" der Technik sei eben *„systemneutral"* (AM 2, S. 119). Auf diese Weise stellt Anders Marx schlussendlich von den Füßen auf den Kopf. An die Stelle des Klassenkampfs und der prometheischen Selbstüberhöhung des Menschen, der die Produktionsmittel mit seiner Hände Arbeit von den Toten erweckt und – unter kommunistischen Produktionsbedingungen – Herr der Lage wird,[44] tritt bei ihm der ungleiche und im Grunde längst entschiedene Kampf zweier ontologischer Gattungen: der von Personen auf der einen und Sachen auf der anderen Seite; *„die Subjekte von Freiheit und Unfreiheit sind ausgetauscht. Frei sind die Dinge: unfrei ist der Mensch."* (AM 1, S. 48)[45] Schlimmer noch: Das Subordinationsverhältnis zwischen Mensch und Technik wird bei Anders regelrecht schicksalhaft; es steht gewissermaßen unter einem anthropologischen Fluch. Kurz vor seinem Tod räumt Anders nämlich ein, das Wesen des Menschen bestehe *„nicht sosehr*, wie ich es im 1. Band der ‚A.d.M.' beklagt hatte, *im Hinterherzockeln, im*

Zurückbleiben unserer Phantasie und unserer Emotionen hinter unseren technischen Leistungen; sondern umgekehrt in der Fähigkeit (zu der wir sogar verurteilt sind), *unsere emotionale und imaginative ‚proportio humana‘ zu übersteigen*“ (SE 5, S. 66). So gesehen bedürfte es Anders' These, die moderne Technik habe den Menschen bereits so nachhaltig geprägt (sprich konformiert), dass er als emanzipatorisches Subjekt längst verschwunden sei, gar nicht. Denn offenbar gibt es aus dem „Makrogerät“ ohnehin kein Entkommen, weil wir seinen Ausbau gleichsam aus innerem Antrieb heraus forcieren. Die Kritik der politischen Ökonomie wird bei Anders also durch eine *anthropologisch fundierte Kritik der politischen Technologie* ersetzt. Ihre Hauptaufgabe, das „Gebot der Stunde“, sei es, Sachen ihrem gegenwärtigen gesellschaftlichen Status entsprechend endlich auch als soziale Personen aufzufassen und ihren „Ding-gewordene[n] Maximen und geronnene[n] Handlungsmodi“ (AM 1, S. 331) auf die Spur zu kommen. Allerdings fehlt ihr die emanzipatorische Pointe. In Anders' Variante der Dialektik von Herr und Knecht kann der Knecht nicht nur nicht ohne seinen Herrn. Er lässt ihn vielmehr immer mächtiger werden und schafft am Ende, statt des Herrn, sich selber ab:

> Nichts wäre nämlich kurzsichtiger als zu glauben, daß die Möglichkeit unserer Liquidierung nur ein zufälliges Nebenprodukt einiger spezieller Apparate, z. B. der Atomwaffen, sei. Vielmehr ist die Möglichkeit unserer Liquidierung das Prinzip, das wir allen unseren Apparaten mitgeben, gleichgültig mit welcher Sonderfunktion wir jeden von

> ihnen außerdem betrauen; das Prinzip, auf das es uns bei ihrer Konstruktion ausschließlich ankommt. Denn worauf wir abzielen, ist ja stets, etwas zu erzeugen, was unsere Gegenwart und Hilfe entbehren und ohne uns klaglos funktionieren könnte – und das heißt ja nichts anderes als Geräte, durch deren Funktionieren wir uns überflüssig machen, wir uns ausschalten, wir uns ‚liquidieren'. Daß dieser Zielzustand immer nur approximativ erreicht wird, das ist gleichgültig. Was zählt, ist die Tendenz. Und deren Parole heißt eben: ‚ohne uns'. (AD, S. 198 f.)

Damit nähert sich Anders, wenn auch aus einer ganz anderen Richtung, den klassischen Machtbegriffen Webers und Popitz' an. Institutionalisierte Macht beziehungsweise Herrschaft ist laut Popitz durch zunehmende Entpersonalisierung des Machtverhältnisses (Anders: „Liquidierung"), zunehmende Formalisierung durch Regeln und Verfahren sowie die „zunehmende *Integrierung* des Machtverhältnisses in eine übergreifende Ordnung" gekennzeichnet.[46] Am Ende kommt es gar nicht mehr darauf an, welche Individuen Macht haben und wie sie diese gebrauchen, sondern nur noch auf das vorgängige Machtgefüge – bei Weber ein „stahlhartes Gehäuse"[47] –, in das sich seine Rollenträger einpassen. So gehört es nach Anders nicht nur zum „Wesen der atomaren Macht", sondern der modernen Technik überhaupt, dass sie den Unterschied zwischen Haben und Verwenden nach Maßgabe ihrer eigenen Funktionalität aufhebt („*habendo adhibere*").[48] Mehr noch: Technokratie nivelliert den im Laufe der neuzeitlichen politischen Theorie als entscheidend herausgearbeiteten Unterschied zwischen personaler Macht und institutionalisierter beziehungsweise legitimer Herrschaft. Indem sie qua Existenz unmittelbar, sozusagen pseudopersonal oder mit Weber pseudo-charismatisch wirkt, setzt sie klassische Subjektmonopole wie Urteilskraft, Wahlfreiheit oder politisches Kalkül gleichermaßen außer Kraft. In Gestalt der Atombombe nimmt sie schließlich die Form einer Borderline-Macht an, die stets an der Grenze zum ultimativen Gewaltexzess agiert.

Gewalt und Gegen-Gewalt im „Atom-Staat“

Aus marxistischer Perspektive scheint die Technikkritik von Günther Anders die Dialektik von Produktionsmitteln und Produktionsverhältnissen außer Kraft zu setzen, die Produktionsmittel zu fetischisieren und damit hinter Marx zurückzufallen. Anders' frappante Nähe zur Kritik der politischen Ökonomie, zu Marcuse und Adorno,[49] legen jedoch einen anderen Schluss nahe: Anders schlägt das Erbe der materialistischen Geschichtsauffassung keineswegs aus, beseitigt jedoch ihren größten blinden Fleck. Zur Hochzeit des Kalten Krieges waren es in Anders' Perspektive hüben wie drüben, im kapitalistischen Westen ebenso wie im staatssozialistischen Osten, die Produktionsverhältnisse, die sich über den gesellschaftlichen Status der Produktionsmittel täuschten. Ihr Instrumentalismus reduzierte die Mittel auf bloße Werkzeuge. Indem Anders sie methodisch übertreibend als die eigentlichen Regenten des 20. Jahrhunderts (und aller künftigen Tage) adressierte, wandte er sich gegen die Technikvergessenheit und den subjektphilosophisch grundierten Fortschrittsoptimismus der marxistischen Linken (und damit auch gegen verkürzte Lesarten der materialistischen Geschichtsauffassung) ebenso wie gegen sozialtechnologische Steuerungsphantasien und Kontrollillusionen konservativer Provenienz. Dass seine Kritik der politischen Technologie am Ende auf einen „Weltzustand“ hinausläuft, aus dem es kein Entkommen mehr zu geben scheint, irritiert bis heute selbst wohlgesonnene Leserinnen und Leser. Allerdings hat Anders auch immer wieder recht konkrete Vorschläge gemacht, wie dem Totalitarismus der Technik praktisch zu begegnen wäre. So forderte er, fragwürdige wissenschaftliche Unternehmungen mit einem „Wissenschaftsstreik“ zu sabotieren. Auch anderweitig Beschäftigte sah er in der Pflicht. Sie sollten nicht nur für höhere Löhne und bessere Arbeitsbedingungen kämpfen, sondern ebenso gegen moralisch verwerfliche Produkte auf die Straße gehen, kurz in „Produktstreik“ – „ein[en] Streik total neuer Art“ – treten (AD, 136–167; HÜ, S. 383). In Zeiten, in denen „die Herstellung schlechthin menschenfeindlicher Produkte im Mittelpunkt vieler nationaler Wirtschaften steht“ (HÜ, S. 379), sollte niemand mehr einer Tätigkeit nachgehen, „ohne diese zuvor darauf geprüft zu haben, ob sie direkte oder indirekte Vernichtungsarbeiten darstellen“ (Ad, S. 137). Darüber hinaus schlug er vor, die Größe technischer Anlagen und Apparate zu ‚dosieren‘ (AM 2, S. 139). Auch wenn er also doch noch Spielräume für menschliche Interventionen im „Weltzustand Technik“ sah, hielt er entsprechende Überlegungen und Appelle gleichwohl für wenig wirksam, zu sehr schienen ihm seine Zeitgenossen den vermeintlichen Verheißungen der ‚Freien Welt‘ erlegen. Auf große mediale Resonanz stieß hingegen seine kurz nach der Reaktorkatastrophe von Tschernobyl öffentlich gemachte Forderung, Atommanager und -lobbyisten mit physischer Gewalt zu bedrohen. Ohne mich hier näher auf die Frage ihrer Rechtmäßigkeit einzulassen,[50] gehe ich abschließend auf sie ein, um auf diese Weise auch Anders' Technokratiebegriff und die spezifische Methode seiner philosophischen Interventionen weiter zu erhellen.

Anders' Vorstoß mag aus heutiger Sicht befremdlich anmuten, doch bewegte er sich keineswegs im luftleeren Raum. Bereits knapp eine Dekade vor Tschernobyl sah der mit Anders befreundete Robert Jungk (in einem angesichts gegenwärtiger Terrorfurcht und ‚Sicherheitsgesetzgebung‘ beklemmend aktuellen Buch) die Bundesrepublik Deutschland auf einen repressiven „Atom-Staat“ zusteuern: „Die totalitäre Technokraten-‚Zukunft hat schon begonnen‘.“[51] Und als Anders' Intervention im Dezember 1986 in der Zeitschrift *natur* erschien, hatte eine schlagkräftige Untergrundbewegung schon unzählige zum Teil spektakuläre Anschläge auf Atomanlagen, Zulieferbetriebe und Strommasten verübt. Sogar Tote, zwei Atomgegner und ein Polizist, waren – bei den eskalierenden Protesten um das atomare Wiederaufbereitungslager Wackersdorf in der Oberpfalz – zu beklagen. Der SPIEGEL widmete der neuen „Aufrüstung für den Bürgerkrieg“ im Juli und August desselben Jahres prompt eine dreiteilige, auch begrifflich hochgerüstete Artikelserie („Schlacht um die Atomkraft“).[52] In diesen spannungsgeladenen Kontext platzierte der

84-jährige seinen Appell. Unverhohlen forderte Anders im Interview mit *natur*-Chefredakteur Manfred Bissinger dazu auf, atomfreundliche Politiker und Betreiber von Kernkraftwerken gewaltsam aus dem Weg zu räumen, expressiv verbis: „ineffektiv zu machen." (G, S. 24)[53] Statt weiterhin bloß „Tschernobyl mit Würschtl" (G, S. 27) zu praktizieren, das heißt sich mit wirkungslosen Happenings lächerlich zu machen, plädierte er dafür, auf den Tschernobyl-Schock mit Gegengewalt oder wenigstens mit profunden Einschüchterungsmaßnahmen zu reagieren. Auf deren explizite Form wollte er im Gespräch mit Bissinger zwar nicht näher eingehen, „weil Sie dann mit Ihrer Veröffentlichung in Schwierigkeiten geraten könnten." (G, S. 24) Unmissverständlich hieß es jedoch in einem anderen Interview aus demselben Jahr: „Da uns [...] die Vernichtung als Möglichkeit droht, halte ich (wie erfreulich es auch sein mag, daß Menschen an Gewaltlosigkeit glauben) *jede Gewalt* gegen die Bedrohung mit dem Untergang für erlaubt. Das können sie [sic] ruhig in Fettdruck bringen." (GA, S. 127; Hervorh. C.D.)

Das ultimative Statement war der Endpunkt einer tastend entwickelten Position. So sprach Anders sich zunächst dafür aus, nur die „Zugänge zu den kontinuierlich bestehenden Mordgeräten" zu blockieren (PP, S. 19). Dann empfahl er, die „Monstra" genannten Atomanlagen und Atomwaffen selbst „in physischer Notwehr anzugreifen und systematisch unverwendbar zu machen" (GP, S. 48) – obwohl er kurz zuvor gemahnt hatte, jeder Maschinensturm sei sinnlos, da die Zerstörung von Einzelexemplaren im Zeitalter der Massenproduktion lediglich Symbolcharakter habe (TH, S. 8).[54] Aus diesem Grund wollte er den

Widerstand gegen Atomkraftwerke schließlich und vor allem auch auf deren Betreiber ausgedehnt wissen: „Da sie uns pausenlos terrorisieren, könnte es geschehen, daß auch sie einmal pausenlos eingeschüchtert werden und sich in acht nehmen müssen." (GP, S. 49)[55] In der aktuellen Lage – Anders betrachtete die Bedrohung der Menschheit durch Atombomben und Atomreaktoren als Notstands- beziehungsweise Notwehrsituation (G, S. 23)[56] – gebe es „*keine andere Rettungsmethode [...] als die, die Drohenden zu bedrohen.*" Den Männern der Atomlobby sei auszurichten, „daß sie sich nun, einer wie der andere, als *Freiwild* werden betrachten müssen." (GP, S. 49) Der Text schließt mit der unmissverständlichen Feststellung, dass vor Tötungsakten nicht zurückgeschreckt werden könne. An anderer Stelle wurde der Anti-Atom-Militarist wenig später mosaisch: Zwar sei es weiterhin tabu zu töten; das Tötungsverbot müsse jedoch zwingend um einen Artikel ergänzt werden: „*Du darfst – vielleicht sogar: Du sollst – diejenigen töten, die die Menschheit zu töten bereit sind; und die es anderen Menschen, also uns, zumuten, ihre Bedrohungen gutzuheißen, gar an ihren Taten teilzunehmen.*" (G, S. 145) Weiteres, so legt Anders im Gespräch mit Bissinger nahe, könne einem Buch entnommen werden, an dem er unter dem Arbeitstitel *Notstand und Notwehr* gerade schreibe. Wie der angekündigte dritte Band der *Antiquiertheit des Menschen* ist das Werk freilich nie erschienen, nur ein kürzerer Text gleichen Namens, einmal mehr in der für Anders typischen Form des imaginären Gesprächs (GA, S. 153–167).[57]

Dass mit Gewaltlosigkeit heute „nichts mehr zu erreichen" sei, begründet Anders mit jener historischen Situation, die mit der Zündung der *Trinity*-Atombombe am 16. Juli 1945 im amerikanischen Bundesstaat New Mexico anhob und zuletzt in Tschernobyl und Fukushima explizit wurde. Ließen sich die Atombomben von Hiroshima und Nagasaki trotz ihrer ungeheuren Zerstörungskraft und einer thermonuklearen Fernwirkung, die den Vernichtungsakt der unmittelbaren Detonation über die Zündung der Bombe hinaus radioaktiv verzeitlichte, noch als mehr oder weniger lokal begrenzte Ereignisse wahrnehmen, so hatte die Reaktorhavarie in der Ukraine im Verbund mit ungünstigen Wetterlagen aller Welt endgültig demonstriert, dass im Atomzeitalter jeder jeden treffen kann. Die radioaktive Wolke schere sich nicht „um Meilensteine, Nationalgrenzen und Vorhänge" (AD, S. 95), sie bedrohe die Gesundheit ganzer Kontinente ohne Ansehen von Freund und Feind, Arm und Reich, Alt und Jung. Die Bombe und ihre zivilen Geschwister, die von Anders als „nukleare[.] Zeitbomben mit unfestgelegtem Explosionstermin" bezeichneten Kernreaktoren (AM 2, S. 437), zwangsvergemeinschaften die Menschheit gleichsam zum prospektiven Kollektivopfer. Dieser metaphysische Statuswechsel – von der Gattung der Sterblichen zur sterblichen Gattung, vom *genus mortalium* zum *genus mortale* (AD, S. 170 f.) – entspreche „juristisch gesehen" eben einem „Notstand", in dem der Einsatz von Gewalt nicht nur gestattet, sondern, so Anders mit Verweis auf das Strafgesetzbuch, sogar „empfohlen" sei (GA, S. 145). „Notstand legitimiert Notwehr, Moral bricht Legalität" (GA, S. 156), lautet seine Parole. Denn „die Menschheit wird von den [...] trotz Tschernobyl Kraftwerke-Weiterbauenden [...] wirklich angegriffen."[58]

Schon früher übrigens, angesichts des Vietnamkriegs, hatte Anders den Einsatz von Gegengewalt gefordert (BV und EV).[59] Wo Recht durch Unrecht gebrochen werde, sei sie in jeder Form gestattet – jedoch nur, solange sie *„auf den Zustand der Gewaltlosigkeit abzielt“* (GA, S. 163), mit Kant gesprochen: auf den ‚ewigen Frieden'. Ziel gewaltsamer Aktionen, sprich *„der uns aufgezwungenen Gegengewalt“* (GA, S. 163), müsse es sein, die Gewalt, die von der „Übermacht der Geräte und Gerätebeherrscher“ (GA, S. 161) ausgehe, zum Verschwinden zu bringen. Gegengewalt sei deshalb niemals Zweck, sondern lediglich Mittel: „Ziel darf Gewalt für uns niemals sein. Aber daß Gewalt – wenn mit ihrer Hilfe Gewaltlosigkeit durchgesetzt werden soll und nur mit ihrer Hilfe durchgesetzt werden kann –, unsere Methode sein muß, das ist wohl nicht abstreitbar.“ (GA, S. 146)

Obwohl Anders sich zum Zeitpunkt des *natur*-Interviews eine nicht unbeträchtliche Reputation als Atomkritiker erworben[60] und gleich mehrfach ausdrücklich betont hatte, Gewalt dürfe niemals Selbstzweck sein und ausschließlich auf den Frieden abzielen, waren die öffentlichen Reaktionen auf das Interview größtenteils verheerend. Eckhart Wittulski zufolge können sie „nur als ‚Pawlowsche' bezeichnet werden. Ohne sich mit Anders' Gedankengang auseinanderzusetzen, seine Argumente zu überprüfen und danach zu einem Urteil zu kommen, setzte bei den meisten Lesern der Verstand mit dem ersten Auftauchen des Wortes ‚Gewalt' aus“.[61] Neben einigen wenigen, eher verquasten Solidaritätsbekundungen hagelte es reihenweise Verrisse. Wer noch Sympathien für Anders hegte, befand, „der alte

Mann aus Wien“ sei „hier auf eine Bühne gelockt worden, auf der er sich nicht auskennt“,[62] und verwies auf legale politische Mittel des Einspruchs und der Bürgerbeteiligung. Und während um Dialog bemühte Repliken wie die von Peter Glotz oder Petra Kelly Anders' Notstandsprämisse infrage stellten und demgegenüber die Durchschlagskraft des gewaltfreien Widerstands betonten,[63] sah der Schriftsteller Erich Loest in Anders den „greise[n] Öko-General“ einer „Grüne-Armee-Fraktion“ am Werk, der für zukünftige Terror-Anschläge verantwortlich zu machen sei (G, S. 50 f., 55-58, 63 f.). Die im Rückblick wohl bemerkenswerteste Reaktion stammte vom – inzwischen für atemberaubende ideologische Volten einschlägig bekannten – ehemaligen RAF-Terroristen Horst Mahler, der dem „Schreibtischtäter“ Anders sogar „faschistische Gesinnung“ vorwarf: „Du, Günther Anders – Philosoph und Schriftsteller, bist der Herold des spirituellen Rassismus, stehst an der Rampe und selektierst. [...] Oh mein Gott – was ist das für eine braune Soße, die da aus Deiner Feder geflossen ist!“[64]

Bereits in den 1950er Jahren hatte der eschatologisch-apokalyptische Duktus, mit dem Günther Anders seine Anti-Atom-Thesen vortrug, gelegentlich die Wertschätzung des Publikums unterminiert.[65] Den Regeln einer von Bertolt Brecht und John Heartfield inspirierten Methode der „Übertreibung in Richtung Wahrheit“ (PS, S. 141 f.) folgend, wurde und wird er bis heute oft als verbale Exaltation eines politisch überhitzten pseudo-philosophischen Gemüts denunziert,[66] nicht aber als Vehikel äufklärerischen Denkens begriffen, das bekanntlich danach strebt, verdunkelte Verhältnisse aufzuhellen (wenngleich in diesem Fall durchaus aggressiv, sozusagen mit dem Flutlichtscheinwerfer). Auch der öffentliche Aufruf zum gewalttätigen Widerstand war Ausdruck dieses Bestrebens und keine übersteuerte Intervention im Kampf eines medienaffinen Medienkritikers um mediale Aufmerksamkeit. Dass Anders selbst, wäre er damals jünger gewesen, zur Waffe gegriffen hätte, darf man bezweifeln. So wie eines seiner methodischen Vorbilder, der Surrealismus,[67] aller rhetorischen und programmatischen Aggressivität zum Trotz schließlich keine terroristische Bewegung hervorgebracht hat – man denke an André Bretons Aufruf, „mit Revolvern in den Fäusten auf die Straße zu gehen und blindlings so viel wie möglich in die Menge zu schießen“ –, lässt sich daher auch Anders' Plädoyer für Gewalt wie bei Breton und seinen Mitstreitern vor allem als „rhetorische Attacke“ deuten; als kalkulierter Angriff auf eine „geistig erlahmte Gesellschaft“,[68] die in diesem Fall offensichtlich selbst von größten anzunehmenden Unfällen kaum aus der Ruhe zu bringen war. So besehen fügte der Aufruf sich exakt in das von Anders skizzierte Arsenal einer *éducation émotionelle* ein, wie sie angesichts der von ihm diagnostizierten Apokalypseblindheit dringend geboten schien. Fragwürdig mutet daran zunächst vor allem der verblüffend offene Widerspruch zwischen den Interview-Äußerungen und Anders' Kritik des Atomzeitalters, seinen „Konformismus-Studien“ und seinem Totalitarismusbegriff an. Denn vor dem Hintergrund der Technokratiethese, welche die Technik zum Subjekt der Geschichte erklärt, müssten mörderische Einzelaktionen gegen Atom-Manager zwangsläufig ebenso sinnlos sein, wie es die Attentate des blutigen

Deutschen Herbstes 1977 gewesen waren. Nüchtern betrachtet schien Anders' publizistische Intervention vor allem das Komplexitätsniveau seiner eigenen Theoriebildung zu unterlaufen. Indem er das „Makrogerät" punktuell re-personalisierte und aus den ‚Charaktermasken' der Technokratie autonome Entscheider machte, unterminierte er die soziologische Pointe seiner radikalen Technokratiethese. Dass er durch die methodische Inversion jedoch lediglich der vermeintlich ‚zivilen' Atomtechnik den Schleier des Übersinnlichen (der Nicht-Wahrnehmbarkeit der eigentlichen Gefahr) und damit der Harmlosigkeit abzureißen und mittels einer Attacke *ad personam* ihr Vernichtungspotenzial für apokalypseblinde Zeitgenossen nachvollziehbar zu machen beziehungsweise im Bewusstsein zu halten suchte, ist seinen Kritikern nicht eingefallen. Wohlmeinende und Befürworter verwiesen demgegenüber meist direkt auf die „strukturelle Gewalt" der Atomtechnik[69] – eine prominente Kampfvokabel in der „Schlacht um die Atomkraft".

Nun wäre der Versuch, Atomwaffenarsenale und ‚zivile' Atomtechnik als Syndrom latenter struktureller Gewalt zu konzipieren, der die Tendenz zur Manifestation innewohnt,[70] durchaus mit Anders' Verständnis von Technokratie kompatibel (wie übrigens auch dem seines Freundes Herbert Marcuse[71]). Bei Galtung aber basiert strukturelle Gewalt bekanntlich auf sozialen Disbalancen, und als Ursache mangelnder gesellschaftlicher Teilhabechancen stehen Atomkraftwerke bis heute nicht in Verdacht. (Ganz abgesehen davon, dass eine weitere Extension den ohnehin weitläufigen Gewaltbegriff Galtungs völlig überdehnen würde.) Für Günther Anders jedenfalls war die Atomtechnik keine Frage sozialer Schieflagen. In seinen Augen bedrohte sie – in Galtungs Terminologie formuliert – nicht die Entfaltung menschlicher Potenziale, sondern ganz direkt die Bedingung der Möglichkeit menschlicher Potenzialentfaltung überhaupt: das nackte Leben.[72] Vor diesem Hintergrund wird das aktionistische Moment des Gewaltaufrufs im *natur*-Interview ebenso verständlich wie sein defensiver Charakter. Der gewalttätige Widerstand ist bei Anders kein „Geburtshelfer",[73] es geht ihm nicht um die Erschaffung eines neuen Menschen oder einer anderen Gesellschaft, sondern darum, Gesellschaftlichkeit *als solche* auch in Zukunft zu ermöglichen.

Zur Kritik der Gewalt: Anders und Benjamin

Zu Günther Anders' wahrscheinlich umstrittenstem Text lässt sich noch ein weiterer Zugang finden: über Walter Benjamins berühmten Essay „Zur Kritik der Gewalt", erstmals veröffentlicht 1921 im *Archiv für Sozialwissenschaft und Sozialpolitik*; er soll hier abschließend eröffnet werden. Zwar gibt es keinen Beleg dafür, dass Anders seine eigenen Überlegungen zum gewaltsamen Widerstand auf Benjamin bezog (zumal dieser nur an zwei Stellen seines Textes kurz auf die Notwehr eingeht[74]). Man darf jedoch vermuten, dass er den populären Aufsatz kannte. Persönlich waren die beiden Philosophen sich erst im Pariser Exil nähergekommen, wo Benjamin mit Anders' erster Ehefrau Hannah Arendt Freundschaft schloss. Fachgespräche habe man damals, so Anders, allerdings nicht geführt: „Ich kann nicht sagen, daß wir in Paris miteinander philosophiert hätten. Denn wir waren in erster Linie Antifaschisten, in zweiter Linie Antifaschisten, in dritter Linie Antifaschisten und *außerdem* mögen wir auch philosophiert haben." (BR, S. 15)

Benjamins Text nähert sich seinem Thema über das Streikrecht, einer eigentümlichen, mit der Gewaltfrage aufs Engste verknüpften Rechtsfigur. Dieses Recht, so Benjamin, sei neben dem Kriegsrecht eine jener juristischen Grenzfiguren, die das prekäre, für jede staatliche Ordnung konstitutive Verhältnis von Recht und Gewalt schlagartig erhelle. Tendiere das Recht grundsätzlich dazu, alle Gewaltmittel zu monopolisieren und individuelle oder kollektive Gewalt nichtstaatlicher Akteure als das Recht zersetzende, die gesellschaftliche Ordnung unterminierende Aktion ohne Ausnahme zu verurteilen, so öffne es im Fall des Streikrechts der – außerstaatlichen – rechtsetzenden Funktion der Gewalt eine Flanke. Der Eingriff in „sittliche Verhältnisse", als den Benjamin die Gewalt definiert,[75] habe im Fall des Streiks, zum umstürzlerischen Generalstreik ausgeweitet, schließlich und paradoxerweise nämlich die Fähigkeit, „Rechtsverhältnisse zu begründen und zu modifizieren, wie sehr das Gerechtigkeitsgefühl sich auch dadurch beleidigt fühlen möge."[76] Die Kritik der Gewalt führt so bei Benjamin notwendig zurück zur Kritik des Rechts und der Rechtsordnung: „Recht und [...] Gewalt sind unheilvoll verwoben: Jeder Rechtsvertrag ‚gründet' in einem gewissen Sinn auf Gewalt, da er nur im Rahmen einer einmal gewaltsam instituierten Rechtsordnung gültig ist und da der Vertragsbruch potenziell die Strafgewalt auf den Plan ruft."[77] Aus diesem Grund, der rechtsetzenden, konstitutiven Kraft der

Gewalt – sowohl einzelner Akteure (der ‚großen Verbrecher‘) wie kollektiver Erhebungen –, fürchtet der Staat laut Benjamin aufs äußerste, was er im Fall des Streiks in gewissen Grenzen gestattet. Als Anders im *natur*-Interview nun die „Gretchenfrage“ (G, S. 25) aufwarf, ob Gewalt als Mittel moralisch nur dann legitimiert sei, wenn sie von einer anerkannten Macht ausgeübt werde, nahm er indirekt auf diese Reflexionen Benjamins Bezug: „Es ist nicht möglich, durch liebevolle Methoden, wie das Überreichen von Vergißmeinichtsträußen, die von Polizisten nicht in Empfang genommen werden können, weil sie ja Schlagstöcke in der Hand halten, effizienten Widerstand zu leisten. Ebenso unzulänglich, nein: sinnlos, ist es, für den atomaren Frieden zu fasten. Das erzeugt nur im Fastenden selbst einen Effekt, nämlich Hunger; und vielleicht das gute Gewissen, etwas ‚getan‘ zu haben.“ (G, S. 23 f.) Außerhalb idealtypischer diskursiver Universen war Anders zufolge mit freundlichen Worten und eindringlichen Appellen wenig zu erreichen, sobald es um die – strukturell gewalttätigen – Fundamente moderner, atomar verfasster Gesellschaften ging. Für Anders kreierte die Atomtechnik eine unmittelbare und keineswegs bloß latente „Gefährdungsgemeinsamkeit[.]“.[78] Nicht enden wollende Serien von kleineren und größeren ‚Atom-Unfällen‘ verwandelten in seinen Augen alle Menschen in Insassen eines globalen Todeslagers: „Denn *wir Millionen sind eingeschlossen in ein Vernichtungslager*, dessen Schornsteine zwar heute noch nicht rauchen, das aber von einem Tag zum andern zur Gluthölle werden könnte. Kann! *Wir Insassen der Konzentrationslager haben die Aufhebung der Lager selber durch-*

zuführen." (PP, S. 20) Den Widerstand gegen die Atomtechnik begriff Anders daher analog als politischen Befreiungskampf: „*Wir dagegen müssen versuchen, den Résistance-Kämpfern von damals zu gleichen.*" (G, S. 158) Wie zu Zeiten der deutschen Besatzung Frankreichs im Zweiten Weltkrieg galt es für Anders, sowohl die Infrastruktur des Gegners als auch sein Personal zu treffen, um auf diese Weise das zugrunde liegende System als solches zu schwächen, den Herrschaftsapparat, dessen Parole ‚Ohne uns' lautet und dessen Endziel Liquidierung heißt.

Dieses Liquidationspotenzial der Technokratie war in Tschernobyl in Gestalt gewalttätiger Aktionsmacht in Erscheinung getreten; für den Holocaust-Überlebenden Anders Grund genug, der Hilflosigkeit friedlicher Gegenaktionen zu entraten. In seinem letzten, eine Woche nach seinem Tod veröffentlichten Interview erklärt er rückblickend, er habe durch seinen drastischen Appell auf „die völlige Lächerlichkeit" von bloßen Protest-Happenings hinweisen wollen, um „den Ernst wirklicher Aktionen" deutlich zu machen. „Es werden ja keine Happenings gegen uns veranstaltet, in Hiroshima ist ja nicht aus der Luft ein Happening veranstaltet worden, und Happenings reichen nicht als Aktion. Natürlich kann man ein gutes Gewissen bei einem Happening haben, weil man ja niemandem damit schadet, aber es kommt darauf an, dass man schadet, nämlich denen, die viel grösseren Schaden verursachen könnten." (NZ, S. 18) Er sei damals keineswegs „ausgerutscht" und „zu schroff gewesen", bekräftigt Anders. So fügt sich mit Blick auf sein Gesamtwerk und hinreichendem Abstand zum Schlachtengetöse anti-atomarer Proteste der Aufruf zur Gewalt letztlich nahtlos in die „Systematik après coup" der über Jahrzehnte hindurch entfalteten *„philosophische[n] Anthropologie im Zeitalter der Technokratie"* (AM 2, S. 11, 9) ein. Denn was Anders tatsächlich in seinem Appell infrage gestellt hatte, waren nicht die Machenschaften sinistrer Energiekonzerne oder einzelner Atomlobbyisten, nicht verkehrte Produktionsverhältnisse und auch nicht „die künftige Form der Energieversorgung" – sondern „die der Herrschaft."[79]

Rudolf Burger will an dieser Stelle einen theoretischen Selbstwiderspruch bei Anders ausfindig machen: „Die Theorie der totalen Verdinglichung, der die Technik selbst Subjekt ist, kippt um in spontaneistischen Voluntarismus, der praktisch mit Subjekten rechnet, die es theoretisch nicht mehr geben soll."[80] In der Tat ließe sich fragen, welche der laut Anders nahezu restlos verdinglichten und konformierten, von Medienkonsum und Dauershopping angeblich ruhig gestellten Subjekte beziehungsweise „Neo-Proletarier" den notwendigen Widerstand denn nun eigentlich organisieren, geschweige denn durchführen sollten. Und was wäre mit dem – vermutlich nicht geringen – Rest, der sich unter den gegebenen Bedingungen mehr oder weniger komfortabel eingerichtet hat und so lange nicht dagegen protestiert, wie es hinreichend Batterien für die Fernbedienung und Geld aus dem Automaten gibt? Schon bei Anders' theoretischem Bezugspunkt Marx mussten sich angesichts eines physisch wie psychisch ruinösen Zustands des Proletariats Zweifel an dessen Revolutionstüchtigkeit einschleichen – ein Basisdilemma linker Theorie. Abgearbeitet und abgestumpft, ja regelrecht *„entmenscht[.]"*, so erscheint das revolutionäre Subjekt dem Autor der *Ökonomisch-philosophischen Manuskripte* 1844. „Blödsinn, Kretinismus", „Immoralität, Mißgeburt, Hebetismus" lauten die Vokabeln, die ihm dazu einfallen (aber freilich auch auf die Kapitalistenklasse Anwendung finden).[81] Bei Anders scheint es um das moderne Individuum nur wenig besser bestellt. Doch mit Adornos Alternative, im falschen Leben ein „unverbindliches, suspendiertes" Privatleben zu führen und dabei moralisch „nicht bei sich selber zu Hause zu sein" oder wenigstens heimatlos „im Schreiben zu wohnen",[82] wollte Anders sich so wenig zufriedengeben wie Marx mit den kapitalistischen Produktionsverhältnissen. Und so erweist sich der angebliche theoretische Selbstwiderspruch schließlich als Ausdruck widersprüchlicher Verhältnisse, der vermeintlich voluntaristische Spontaneismus des Gewaltaufrufs gründet in der vitalen Skepsis gegen seminaristische Spiegelfechtereien. Angesichts der atomaren Drohung sind für Anders keine Aristoteles-Exegesen gefragt, sondern politische Interventionen: „*Die Antwort auf Feuer ist nicht Prometheus, sondern Wasser.*" (ÜH, S. 365)

Benjamin argumentiert in seinem Essay, dass der Weimarer Parlamentarismus den gewaltsamen Grund rechtlicher Institutionen verschleiere.[83] Anders' emphatische Kritik der Technokratie will diesen Grund für die Gegenwart sichtbar machen. Sein Gewaltaufruf verfolgt dabei aber weder das Ziel, eine gänzlich neue Rechtsordnung zu etablieren, das heißt, er zielt nicht auf die rechtsetzende Funktion der Gewalt im Sinne Benjamins ab,[84] noch lässt sich *theoretisch* daraus jener „Sprung aus der existierenden Ordnung heraus"[85] ableiten, den Benjamins radikaloppositionelle, revolutionäre, geradezu anarchistische Position sucht. Viel eher korrespondiert er mit Benjamins berühmtem Diktum aus „Über den Begriff der Geschichte", Revolutionen seien womöglich nicht die Lokomotive der Weltgeschichte, sondern „*der Griff des in diesem Zuge reisenden Menschengeschlechts nach der Notbremse*".[86] Der letzte Sinn des gewalttätigen Widerstands besteht nach Anders – im ursprünglichen Sinn des Worts ‚Revolution' – nämlich in einer Zurückwälzung, einer Rückgängigmachung des atomaren Status quo respektive einem Rückbau der atomaren Grundstrukturen des „Weltzustands Technik" (TH, S. 9). Auch ein anderer Kritikpunkt lässt sich in diesem Zusammenhang entkräften. So müsste man Anders mit Anders zwar eigentlich entgegenhalten, dass selbst die konsequenteste nukleare Abrüstung und eine dauerhafte Abschaltung aller Atomkraftwerke – mit Blick auf den Jahrtausende strahlenden Restmüll ein wahres Sisyphos-Projekt – im platonischen Zeitalter sinnlos wäre. Die Blaupause behielte ja immer das letzte Wort. Doch ging es Anders gar nicht darum, seine eigene Theorie der „Frist" zu hintergehen; nicht die Restauration eines prä-atomaren Arkadien schwebte ihm vor, sondern lediglich „Frist"-Verlängerung. Das „letzte Stück Geschichte", es sollte möglichst lange andauern (und das mehr oder weniger unabhängig von jeweils geltenden Rechtsordnungen). Die Beseitigung aller atomaren Installationen und Anlagen war in Anders' Augen dafür eine notwendige, wenn auch kaum hinreichende, immer wieder neu zu erkämpfende und gegen die diabolische Verführungskraft der Blaupausen zu verteidigende Bedingung. In diesen Zusammenhang gehörte der Aufruf zur Gewalt gegen die Personengruppe der „Gerätebeherrscher“ und politischen Atombefürworter.

Walter Benjamins Kritik der Gewalt schließt mit der Suche nach unmittelbaren Gewaltformen jenseits der Zweck-Mittel-Aporie, mit „einer subtilen hypothetischen Rechtfertigung der gewaltsamen Revolte“;[87] Günther Anders argumentierte weniger subtil und konstruierte auch nicht, wie Benjamin, ein historisches Ereignis von messianischer Kraft, das den Recht-Gewalt-Nexus, mithin den „Weltzustand Technik“, ein für alle Mal aufsprengen könnte. Die Antwort, die Anders auf die „Gretchenfrage“ gab, mag im Rahmen seiner eigenen theoretischen Prämissen und im Hinblick auf Benjamins Essay weder völlig widerspruchsfrei noch erschöpfend sein. Aber sie nahm im Gegensatz zu vielen anderen im politischen Spektrum der Linken verorteten Theorieangeboten die Herausforderung auf, die von Benjamins Text bis heute ausgeht. Diese verdankt sich laut Martin Saar der Suggestion, „dass eine radikale Kritik politischer Institutionen nur um den Preis einer grundsätzlichen Infragestellung der gesellschaftlichen und geschichtlichen Mächte zu haben ist.“[88] Denn „jede Vorstellung einer irgendwie denkbaren Lösung menschlicher Aufgaben, ganz zu geschweigen einer Erlösung aus dem Bannkreis aller bisherigen weltgeschichtlichen Daseinslagen“ bleibt Benjamin zufolge „unter völliger und prinzipieller Ausschaltung jedweder Gewalt unvollziehbar“.[89]

Günther Anders und die 68er-Bewegung. Synoptisches Mosaik

Ein Jahr vor dem Höhepunkt der Studentenbewegung erschien in Bernward Vespers Reihe *Voltaire-Flugschriften* eine Textcollage mit dem Titel *Nürnberg und Vietnam. Synoptisches Mosaik.* Günther Anders montiert darin mediale Darstellungen von Kriegsgräueln aus Vietnam mit Äußerungen von Soldaten, Ärzten und Physikern. Außerdem lässt er den Kriegsdienstverweigerer David Mitchell zu Wort kommen, der sich auf die Prinzipien der Nürnberger Kriegsverbrecherprozesse berief. Zusammengeklammert und zugespitzt wird das Mosaik durch einen Auszug aus der ersten Posener Rede Heinrich Himmlers bei der SS-Gruppenführertagung vom 4. Oktober 1943,[1] dem ein Zitat des damaligen US-Präsidenten Johnson aus einer Rede vor amerikanischen Studenten, abgedruckt in der *New York Times* vom 6. Februar 1965, gegenübergestellt ist: „Ich würde es begrüßen, wenn sie (die amerikanischen Studenten) ebensoviel Fanatismus für ihr politisches System aufbringen würden wie die jungen Nazis während des Krieges für ihr System aufgebracht haben." (NV, S. 3) Die Collage endet mit einem fett gedruckten Tertium non datur. Der Prozess gegen den Kriegsdienstverweigerer Mitchell kenne, so Anders, nur zwei mögliche Ausgänge: Entweder werde Johnsons „dringliche Mahnung" bestätigt oder aber der Appell Mitchells, sich dem Morden in Vietnam entgegenzustellen (NV, S. 21).

Die Flugschrift scheint ihren Autor ins Zentrum der (deutschen) Protestbewegung von 1968 zu rücken.[2] Sie zeigt immerhin zweierlei: Zum einen seine unmittelbare Nähe zu einem Schlüsselthema und Movens der Bewegung – eine Nähe, für die es weitere Zeugen gibt. Diese belegen, dass Anders um das Jahr 1968 herum nicht nur schriftstellerisch produktiv, sondern auch als bekennender Sympathisant und intellektuelle Adresse der Revolte gefragt war. Zum anderen ist der kurze Text ein Musterbeispiel für seine literarisch-philosophische Methode und für seine Haltung als engagierter Intellektueller. Dennoch sollte man in seinem Fall retrospektiv wohl eher von einer fernen Nähe sprechen. Günther Anders und ‚1968' – das ist das ambivalente Verhältnis einer starken Sympathie, die sich auch in profunden Differenzen ausdrückt. Vor diesem Hintergrund bietet sich eine exemplarische und zusammenschauende Darstellung dieses Verhältnisses an, um so Berührungspunkte, aber auch Divergenzen sichtbar zu machen. Damit dieses Vorgehen selbst nicht zu collagenartig gerät, stelle ich zwei systematische Punkte heraus, die man als Anders' theoretischen Beitrag zu ‚1968' im Besonderen und zu politischen Bewegungen im Allgemeinen betrachten kann. Meines Erachtens liegt dieser Beitrag im Bereich der Methode, der spezifischen Form eines auf die politische Praxis ausgerichteten Philosophierens, sowie in der Selbstreflexion auf die Position des öffentlichen Intellektuellen. Im ersten Teil meiner Ausführungen setze ich zunächst einige Schlaglichter auf Stellen in Anders' Lebensweg, die im Zusammenhang mit der 68er-Bewegung stehen. Daran anschließend gehe ich zweitens auf einen brieflichen Disput zwischen Anders und Theodor W. Adorno über die Rolle des Intellektuellen in politischen Auseinandersetzungen ein, um auf dieser Basis schließlich drittens Anders' genuinen (theoretischen) Beitrag zu ‚1968‘ und darüber hinaus zu skizzieren. Dabei gehe ich auch auf die angedeuteten Divergenzen ein.

Ferne Nähe: Günther Anders und ‚1968‘

Im Unterschied zu seinem Freund Herbert Marcuse, der in den Jahren 1967–68 „das Glück [besaß], zum richtigen Zeitpunkt an der richtigen Stelle zu sein“,[3] und so zum Mentor der Gegenkultur wurde, oder dem eng mit Rudi Dutschke befreundeten Ernst Bloch war Günther Anders kein Vordenker oder maßgeblicher Wegbereiter der 68er-Bewegung,[4] durchaus aber ein prominenter Wegbegleiter. Wie Jean-Paul Sartre zählt er zu jenen Denkern des 20. Jahrhunderts, die sich neben ihrer theoretischen Arbeit beziehungsweise infolgedessen auch politisch einmischten. Nach einer akademisch geprägten Anfangsphase wurde er zum Journalisten, zum freien philosophischen Schriftsteller und nach 1945 schließlich zum prototypischen *intellectuel engagée* – und damit zum Ansprechpartner und Stichwortgeber politischer Bewegungen, lange vor und auch nach 1968.

Geboren wurde Anders 1902 als Günther Siegmund Stern in Breslau (heute Wrocław). 1915 übersiedelte die Familie nach Hamburg. Stern, der erst nach dem Zweiten Weltkrieg unter dem Pseudonym Anders bekannt wurde, studierte und promovierte 1924 bei Edmund Husserl in Freiburg und versuchte, nach einem kurzen Intermezzo als Louvre-Führer und angeblicher Schiffsarzt (GA, S. 24; KF, S. 103–141), sich Ende der 20er Jahre bei Paul Tillich in Frankfurt mit einer musikphilosophischen Studie

(MS) zu habilitieren. Das Vorhaben scheiterte nicht zuletzt an den politischen Umständen, aber auch am Einspruch Theodor W. Adornos, der bei Anders „Freiburger Existentialdüfte" witterte (AP, S. 13).[5] Das Verhältnis zu Adorno blieb seit dieser Episode nachhaltig getrübt, was auch für Anders' erste Frau Hannah Arendt galt, mit der ihn von 1929 bis 1937 eine kurze und nicht besonders glückliche Ehe verband.[6] Auch ein zweites Großprojekt, der Entwurf einer an Martin Heidegger, Helmuth Plessner und Nicolai Hartmann anschließenden philosophischen Anthropologie (WM), endete in der Schublade. Nach dem vorläufigen Scheitern seiner akademischen Ambitionen arbeitete Anders in Berlin unter anderem für den *Börsen-Courier* und verkehrte im Kreis um Bertolt Brecht. Weil er in dessen Telefonbuch vermerkt war, setzte er sich unmittelbar nach dem Reichstagsbrand gen Paris ab. Dort schrieb er unter dem Eindruck der jüngsten politischen Ereignisse an einer antifaschistischen Fabel (MK), die jedoch erst in seinem Todesjahr erschien. 1936 floh er, unter anderem mit Hilfe Max Horkheimers, weiter in die USA. Dort schlug er sich mit diversen „odd jobs" – als Hauslehrer, in Fabriken und Hollywood-Kostümkammern – durch (GA, S. 37), was ihn in Emigrantenkreisen bald zum abschreckenden Beispiel des freischwebenden Exilanten werden ließ. Auch zur Frankfurter Schule hielt er nur losen Kontakt, obwohl er zeitweilig sogar bei Marcuse in Santa Monica Obdach fand, mit einem Text über kulturanthropologische Fragen an einem prominent besetzten Privatseminar der Kritischen Theoretiker teilnahm (WM, S. 283–291) und kurz vor seiner Rückkehr nach Europa schließlich Kurse an der New School for

Social Research zu seinen Spezialgebieten Philosophische Anthropologie und Kulturphilosophie abhielt.[7] Mit seiner zweiten Frau, der Schriftstellerin und Übersetzerin Elisabeth Freundlich, kehrte Anders 1950 nach Europa zurück und ließ sich in Wien nieder.[8] 1956, acht Jahre vor Marcuses *One-Dimensional Man*, erschien der erste Band seines Opus magnum *Die Antiquiertheit des Menschen*, ein Buch, das für die 68er-Bewegung zu früh kam, vor allem aber inkompatibel war mit dem Zeitgeist der Emanzipation. Denn obwohl er dem Marx'schen Theorieprojekt und der Frankfurter Schule durchaus eng verbunden war, wurde für Anders die Technik, nicht die rebellierende Jugend, zum Subjekt der Nachkriegsgeschichte – und Anders selbst aufgrund seines Essays über die Atombombe (AM 1, S. 259–343) zum Vordenker der frühen bundesrepublikanischen Anti-Atom- und später der westdeutschen Friedensbewegung, nicht aber der ‚68er'.[9] Größere Bekanntheit erlangte er durch seinen Briefwechsel mit dem sogenannten ‚Hiroshima-Piloten' Claude Eatherly (OL), einem Besatzungsmitglied des vorausfliegenden Aufklärungsflugzeugs der Enola Gay, der nach dem Krieg an seiner Mitschuld verzweifelte – so jedenfalls suggeriert es Anders, der Eatherly zum Anti-Eichmann des Atomzeitalters stilisiert (HÜ, S. XIX).[10] 1966 wurde er neben Sartre, Wolfgang Abendroth, James Baldwin, Simone de Beauvoir und anderen Mitglied des sogenannten Russell-Tribunals, das in Anlehnung an das Kriegsverbrechertribunal von Nürnberg die amerikanischen Kriegsverbrechen in Vietnam aufarbeiten sollte.[11] Vor diesem Hintergrund sendete er bereitwillig „Freundschaftsgrüße" an den Internationalen Vietnamkongress, der am

17. und 18. Februar 1968 im Auditorium Maximum der TU Berlin tagte. Anders erklärte seine Hoffnungen und Empörungen für identisch mit denen der Studierenden: „die Bundesgenossenschaft versteht sich von selbst." (IV, S. 97) Seine Grußadresse enthält eine „grundsätzliche Überlegung" zum Genozid in Vietnam. Wieder geht Anders von einem provokanten Vergleich aus, um damit das Prinzip moderner Kriegsführung zu verdeutlichen: die Umstellung der Kampfhandlungen von der unmittelbaren Vernichtung des Feindes auf die vollständige Verwüstung seiner Lebensumwelten mit terroristischen Mitteln.[12]

Ein „deutsches Blatt" habe befunden, so Anders, „es sei unerhört, den Vietnamkrieg mit Auschwitz in einem Atem zu nennen." (IV, S. 97) Gewiss seien die Amerikaner in Vietnam nicht „programmatisch" an der Ausrottung der Vietnamesen interessiert. Doch auch „wer die Liquidierung *nur* als ein Mittel verwendet, wer sie nur deshalb durchführt oder nicht vermeidet oder auch nur in Kauf nimmt, weil sie das militärisch wirksamste oder wirtschaftlichste oder propagandistisch erfolgreichste Mittel zur Erreichung *anderer* Ziele darstellt, auch *der* begeht Genozid." (IV, S. 98) Ja, die Haltung der Amerikaner gegenüber den Vietnamesen sei noch zynischer als diejenige Hitlers gegenüber den Juden:

> Denn in Hitlers Augen hatten die Juden ja immerhin noch etwas dargestellt, wenn auch die Verkörperung des Untermenschlichen oder des Infernalischen; es war ihm ja wichtig gewesen, daß es die Juden *nicht* gab, während es für den Amerikaner […] vergleichsweise unwichtig ist, ob es Vietnamesen gibt oder nicht gibt. Was ihn

> interessiert, ist allein die restlose Beherrschung und Kontrolle von Regionen – und wenn er diese allein durch Zerstörung derer, die zufällig oder indolenterweise in diesen Regionen wohnen, oder durch die Zerstörung der Lebenswelten derer, die in diesen Regionen zufällig oder indolenterweise wohnen, bewerkstelligen kann, dann nimmt er dieses Mittel eben bedenkenlos in Kauf. (IV, S. 98 f.)

Anders zufolge gibt es heute keine Kriege mehr, jedenfalls keine von ABC-Mächten ausgehende, die nicht virtuelle Völkermorde sind respektive mit Völkermord drohen. Diese Situation, in der Kriege keine klassischen Kriege mehr sind, gilt es nach Anders so zu bekämpfen wie einst das Hitler-Regime, nämlich global (IV, S. 100 f.).

Im selben Jahr wendet er seine synoptische Montagetechnik in einem kurzen Aufsatz an, der die BILD-Zeitung mit der NS-Presse vergleicht (SB).[13] Heute wie damals, schreibt Anders in Anknüpfung an seine Medientheorie aus dem ersten Band der *Antiquiertheit*, werde in jeder Mitteilung „die Beurteilung des Mitgeteilten mitgeliefert, eigenes Urteilen also unmöglich gemacht.“ Dies geschehe aber so, „daß der Konsument stets das gute Gefühl behält, selber zu urteilen“ (SB, S. 184).[14] Zwar seien die heutigen Zeitungsmacher nur „Marzipanvarianten“ der damaligen, „Goebbels des guten Herzens“ mit dem „Gesicht des verträumten Friseurs“ (SB, S. 185). Dennoch gehe es ihnen um nichts weniger als die Zerstörung der „Vorbedingung“ jeder Demokratie: der Urteilsfähigkeit der Bürger (SB, S. 184).[15] Ebenfalls 1968 publizierte Anders mit *Visit beautiful*

Vietnam (BV) schließlich die Summe seiner Überlegungen zur „Mentalität des heutigen Imperialismus“, das heißt zu Wahrheit und Lüge in der Politik.[16] Das Buch, das auch prägnante Stücke zu Anders' Hauptthema – der *„philosophische[n] Anthropologie im Zeitalter der Technokratie“* (AM 2, S. 9) – und zur philosophischen Methode enthält, befand er im Abstand einer Dekade für besser als den ersten Band der *Antiquiertheit*, wie er seinen Freund Marcuse wissen lässt: „Dass Du die ‚Antiquiertheit‘ für mein bestes Kind hältst, macht mich etwas traurig. Denn die habe ich vor einem Vierteljahrhundert zusammengebastelt. Ich halte für besser meine ‚Endzeit und Zeitenende‘ [erschienen 1972, mehrmals nachgedruckt unter dem Titel *Die atomare Drohung*; C.D.] und mein Vietnambuch.“ (BW, S. 132) Auch wenn man dieser Einschätzung nicht uneingeschränkt folgen möchte, unterstreicht sie doch die Bedeutung, die Anders seinen philosophischen „Grundsatzglossen“ (BV, S. 7) aus dem Kontext von ‚1968‘ offensichtlich beilegte.

Mit dem Abebben der 68er-Bewegung wurde es auch um Anders wieder ruhiger. Ins Rampenlicht der Öffentlichkeit trat er erneut 1986, als er kurz nach der Reaktorkatastrophe von Tschernobyl in einem Interview mit der Zeitschrift *natur* einen Gewaltaufruf gegen Atom-Lobbyisten lancierte (G, S. 19–33).[17] Die BRD, argumentierte Anders, sei von amerikanischen Atomraketen besetzt. Zudem gebe es keinen ‚Abort‘ mehr für die Residuen des Atomzeitalters (die Abfallprodukte der Atomkraftwerke). Die Menschheit sitze also nicht etwa in einem Boot, über dessen Bordwand hinaus sie die nicht-intendierten oder billigend in Kauf genommenen Negativ-Effekte ihrer Produktionsweise in den umliegenden Ozean verklappen könnte; durch die neue (Macht-)Stellung des Menschen im Kosmos existiere umgekehrt „*keine ‚Bordwand‘ mehr, die diese Effekte innerhalb unseres Bootes ‚gefangenhalten‘*, also den ‚Ozean‘ gegen diese Effekte abschirmen könnte.“ (G, S. 137 f.) Juristisch betrachtet sieht Anders die Menschheit deshalb im „*globalen Notstand*“, in dem „mit Gewaltlosigkeit nichts mehr zu erreichen ist.“ (GP, S. 48; G, S. 23) Statt Happenings zu veranstalten oder Maschinensturm zu betreiben – was auf „Scheinhandlungen“ (GP, S. 48) beziehungsweise Sinnlosigkeit hinauslaufe –, habe man nach der Maxime ‚Wenn schon, denn schon‘ zu handeln und den „*niemals erklärten Krieg*“ derjenigen, die mit dem Äußersten drohen, „*[k]riegerisch und rücksichtslos abzuwehren*“ (G, S. 147, 153). Vor diesem Hintergrund wechselt der bekennende Atheist Anders, wie immer, wenn es um Endzeitfragen geht, ins theologische Register. Das oberste Gebot in Anders' Dekalog des Atomzeitalters lautet daher: „*Du darfst – vielleicht sogar: Du sollst – diejenigen töten, die die Menschheit zu töten bereit sind; und die es anderen Menschen, also uns, zumuten, ihre Bedrohungen gutzuheißen, gar an ihren Taten teilzunehmen.*“ (G, S. 145) Auch wenn Gewalt für Anders kein Endzweck sein kann, sondern auf den Zustand der Gewaltlosigkeit abzielt (G, S. 25), ist sein Aufruf unmissverständlich formuliert: „*Wir dagegen müssen versuchen, den Résistance-Kämpfern von damals zu gleichen.*“ (G, S. 158)

Widerspruch ließ nicht lange auf sich warten (G, S. 35–86). Zu den heftigsten Opponenten gehörte ein ehemaliger ‚68er‘. In einem offenen Brief wandte sich Horst Mahler direkt an den 84-jährigen: Hätte Anders 1970 dazu aufgerufen, den CSU-Politiker Franz-Josef Strauß „niederzuschießen“, den (späteren) Bundeskanzler Schmidt „mit dem Hubschrauber abstürzen zu lassen“ oder „Polizeibeamte zu lynchen“, so wäre er für ihn „ein Prophet gewesen.“[18] Nun komme er zu spät. In einer wilden Assoziationskaskade nennt Mahler Anders einen „Schreibtischmörder“, einen „Herold des spirituellen Rassismus“ und vergleicht ihn mit NS-Größen („Du bist auch Hitler und Himmler“).[19] Es gehört zur Ironie der Geschichte von ‚1968‘, dass ausgerechnet der später zum Neonazismus bekehrte einstige Kommune-Anwalt und Revolver-Aktivist Mahler Anders in die äußerste rechte Ecke stellt: „Oh mein Gott – was ist das für eine braune Soße, die da aus deiner Feder geflossen ist!“[20]

„Hot potatoes“: Anders, Adorno und die Rolle des öffentlichen Intellektuellen

Seit ihrer ersten Begegnung in Frankfurt Ende der 20er Jahre verband Günther Anders ein schwieriges Verhältnis mit dem ein Jahr jüngeren Adorno.[21] Man kann es an ihrem unlängst veröffentlichten Briefwechsel aus der Nachkriegszeit ablesen. Die Aufarbeitung biographischer Altlasten – Adornos Einwände gegen Anders' musikphilosophische Habilitationspläne[22] – und persönliche Idiosynkrasien nehmen darin, neben durchaus versöhnlichen, ja sogar wertschätzenden Tönen, breiten Raum ein. So schreibt Anders am 18. Juni 1963 an Adorno: „Immer wieder stehe ich mit Staunen vor Ihren Analysen, in denen das Philosophische bis in die letzten handwerklichen Schnörkel hineinreicht und sich gerade im Konkretesten bewährt." Wenige Zeilen später bringt er ohne Umschweife sein Missfallen zum Ausdruck, „da ich leider gestern Abend erfuhr, dass Sie wiederholt über mich aufs Verächtlichste gesprochen haben." (BW, S. 53 f.) In seiner Replik bezeichnet Adorno diesen Vorwurf hingegen als „Wienerische[n] Tratsch" und erklärt, warum er sich anlässlich eines Besuchs in der österreichischen Hauptstadt über Anders geärgert habe „und das auch offen ausdrückte." (BW, S. 54) „Was uns immer wieder trennt", bringt Adorno die persönlichen Differenzen schließlich auf den Punkt, „ist ein gewisser Gestus der ‚Aggressivität' bei Ihnen, das Wort im weitesten Sinn verstanden – etwas von ‚Angeberei' [...]. Mein Naturell ist darin ganz verschieden [...]. Bestünde diese Differenz nicht, so könnten die wirklich sehr weit reichenden Übereinstimmungen viel fruchtbarer werden." (BW, S. 55) Die erwähnten Differenzen treten auch in ihrer Kontroverse über das Profil des *intellectuel engagé* deutlich zutage. Anders und Adorno stehen für zwei unterschiedliche Ausprägungen dieses Typs. Während der eine Theorie als höchste Widerstandsform begriff, setzte der andere auf politische Intervention.[23] Folgende Anekdote, die Anders dem Journalisten Mathias Greffrath über ein Telefonat mit Adorno erzählt hat, illustriert die Habitus-Differenz treffend: „Einmal habe ich ihn gebeten, auf einer Ostermarsch-Kundgebung zu sprechen. Ich war krank geworden. Da sagte er am Telefon: ‚Sie wissen doch, dass ich hinter keiner Fahne herlaufe.' – ‚Dann laufen Sie doch vor der Fahne', entgegnete ich. Er legte auf."[24]

Der früheste erhaltene Brief aus Anders' Nachlass im Literaturarchiv der Österreichischen Nationalbibliothek datiert vom 5. März 1951. In ersten Wiederannäherungsversuchen geht es um Kontroversen in der Musikszene und Heideggers Pseudokonkretheit.[25] Man verabschiedet sich „mit herzlichen Grüßen" oder schönsten Grüßen „von Ihrem alten Adorno". Sobald es aber ans Eingemachte geht, weicht juveniles Geplänkel – „Wenn ich wieder auf die Welt komme, werde ich playboy"[26] – einem schonungslosen Ton. Am 30. Juni 1963 schreibt Anders: „Es ist vielleicht wirklich gut, dass wir einmal die hot potatoes ausgraben." (BW, S. 56) Dies tut er schließlich am 27. August, „[a]uf die Gefahr hin, dass sich dadurch die Spannung noch etwas verschärft." Vielleicht aber komme es so „zu einem heilsamen Platzen." (BW, S. 56 f.) In seinem mehrseitigen Brief stellt Anders zunächst fest, dass die „Affinität Ihrer und meiner Produktion (und nicht nur in den Augen Dritter) seit langem immer evidenter wird", kritisiert an Adorno jedoch – mit Bezug auf das frühe Zerwürfnis – dessen „Monokratismus" und dass der ‚Herr Professor' ihn bei einem unangemeldeten Besuch in Frankfurt habe warten und von der Sekretärin abspeisen lassen. Unter ehemaligen Exilanten hätte er sich einen solidarischeren Umgang gewünscht (BW, S. 56 f.). Der Kern seiner Kritik zielt jedoch auf einen anderen, inhaltlichen Punkt ab:

> Damit, durch das Wort ‚Professor', bin ich bei einer anderen Ursache meiner Schwierigkeit Ihnen gegenüber. Es ist mir nämlich unbegreiflich, wie es möglich ist, auf der einen Seite als philosophischer Autor im prägnantesten Sinne ein Avant-

> gardist zu sein; auf der anderen Seite aber eine offizielle Stellung zu bekleiden, und sich von denjenigen, denen man durch das, was man schreibt, die Achtung versagt, ehren zu lassen. Mir scheint, man kann nicht als ein Professor Nietzsche leben oder als ein surrealistischer Geheimrat. Etwas von dieser Kreuzung haben Sie aber in meinen Augen an sich. Solche Doppelexistenz muss sich, glaube ich, rächen. Ein Revolutionär – und als Theoretiker sind Sie das natürlich –, der sich durch seine Stellung selbst seine Hände bindet, der erregt Misstrauen. (BW, S. 57 f.)

Und Anders fährt fort: „So war in manchen Augenblicken, in denen die politischen potatoes besonders heiß wurden (atomare Situation, Notstandsgesetz etc.) das Stummbleiben Ihrer Stimme einfach beklemmend." (BW, S. 58) Dem zu beiden deutschen Staaten Äquidistanz wahrenden akademischen Außenseiter fällt es schwer, „sich des Eindrucks zu erwehren, dass Sie sich, anerkannt als offiziell zugelassener Papst der Radikalität, in der ominösen und jämmerlichen Deutschen Bundesrepublik doch irgendwie häuslich eingerichtet haben." (BW, S. 58) Neben den Vorwurf des falschen Lebens im Falschen, das heißt der Anpassung ans Establishment und des opportunistischen Verstummens, tritt schließlich ein dritter: Anders diagnostiziert aufgrund der skizzierten Zwitterstellung – hier Revolutionspapst, dort deutscher Professor – bei Adorno eine Art Rachebedürfnis an seinen Lesern. An Adornos Prosa kritisiert er einen „Ton der [...] Vergewaltigung", eine „Fermatelosigkeit" des Stils, die ihm wie eine Ersatzhandlung für die politische Passivität ihres Autors vorkommt, ein Ersatz „mit sprachlichen Mitteln", im Ergebnis: „Literarischer Sadismus." (BW, S. 58 f.)

Adornos Antwort auf den „Komplex, den Sie mit dem Stichwort ‚Professor' bezeichnen", erfolgt am 31. Oktober 1963 zunächst in Form einer Gegenfrage: „Würden Sie ein Ordinariat [mit den dazu gehörenden materiellen Annehmlichkeiten und Freiheiten; C.D.] abgewiesen haben, wenn es sich Ihnen geboten hätte? Verzeihen Sie mir, dass ich daran zweifle." (BW, S. 65 f.) Es komme außerdem auf den Inhalt, nicht die Stellung an. „Ich bilde mir ein, daß ich mich dessen nicht zu schämen habe, was ich da getan habe und tue"; davon abgesehen sei die „Existenz eines freien Schriftstellers" mit ihren Marktzwängen und Abhängigkeiten keineswegs freier. Zwar räumt Adorno ein, er habe „manchem Abscheulichen gegenüber geschwiegen." Er sei jedoch auch „kein Verkehrspolizist, der gleichzeitig an allen Ecken sein muß, wo Unfug verübt wird; wann ich zupacke, darüber muß ich schon mir selber die Entscheidung vorbehalten." Diese werde nicht einfach bloß von den Gegenständen bestimmt, sondern vielmehr „von Innervation und Einfall." Dass er selbst nicht über die Atombombe geschrieben habe, läge an der „Disproportion zwischen der geballten Faust eines Intellektuellen und jener Einrichtung". Im Übrigen vertraue er auf Leser, die extrapolieren könnten (BW, S. 66 f.). Dann geht Adorno seinerseits zum Angriff über: Er bezichtigt Anders „einer wahren Besessenheit mit dem Gedanken an den Leser", während es ihm, Adorno, „um die möglichst adäquate und strenge Darstellung der Sache" gehe. Abschließend appelliert er „an den Dialektiker in Ihnen“: Nur so weit vermöge der Schriftsteller dem „herrschenden Bann“ zu widerstehen, wie sein Produkt „selbst einen Bann erzeugt“ (BW, S. 67).[27]

Anders antwortet am 6. Dezember 1963 versöhnlich: Zwar wirke Adornos Auftreten und Duktus „oft terroristisch“. Es sei jedoch „[d]urchaus denkbar, dass, wer wie Sie nahezu jedem Menschen, den er trifft, an geistiger Kraft überlegen ist, und der sich im ständigen Kampf gegen Unwahrheiten und gegen Halb- und Viertelwahrheiten befindet, durch diesen nachdrücklichen Einsatz für das von ihm Eingesehene als drückend und diktatorisch empfunden wird, nein dadurch wirklich drückend wird.“ Und er ergänzt: „Was ich Ihnen da vorwerfe, wird mutatis mutandis oft auch mir vorgeworfen“. Sofern er ihn daher nicht selbst abstreite, räume er den „Terrorismus-Vorwurf [...] im besten Falle als Laster einer Tugend ein“ (BW, S. 71). Der Tadel an Adorno, er trifft auch seinen Absender – ja diesen vielleicht mehr als jenen. So sollen denn nach Anders nur die „wirklich auf Verschiedenheit der Positionen und der Temperamente“ beruhenden „disagreements“ bleiben (BW, S. 70), allen voran der ‚Professoren-Komplex‘, also der Dissens bezüglich der Haltung des kritischen Intellektuellen. Die Stellung des Professors sei nämlich unabhängig davon, was Adorno aus ihr gemacht habe, nicht nur „eine Fessel des Schreibstils, sondern auch des Tätigkeitstils.“ (BW, S. 71) Anders zeigt sich überzeugt,

> dass mein Sprachgestus in gewissen Sprechsituationen, auf die ich nicht verzichten kann, seine Direktheit und Stärke verlieren würde, wenn ich

> mich daran gewöhnen würde, täglich im Lehrbetrieb zu einem bestimmten Typ von Menschen, eben zu Studenten, zu sprechen. Mein Fall mag ein Spezialfall sein. Aber da die Bombe ja nicht nur über den Dächern der Universitäten hängt, und da das Verhängnis ja nicht nur die unhappy few, die wissen, was los ist, bedroht, fühle ich mich geradezu dazu verpflichtet, einen Ton und eine Sprache zu finden, mit der ich die unhappily happy crowd erreichen kann. (BW, S. 72)

Auch er versuche, Texte für „Extrapolierfähige" herzustellen:

> Nichts wäre scheußlicher als im Massmedia-Stil gegen Massmedia-Stil zu schreiben – was heißt ‚wäre', denn das ist heute ja gang und gäbe. Da liegt die große Schwierigkeit auch für mich. Ob es mir oft gelingt, diejenige Sprache zu finden oder zu erfinden, die wirklich die Masse trifft, ohne im mindesten Massenstil zu sein, das weiß ich nicht. Aber Ihr Vorwurf, dass ich monoman an den Hörer oder Leser dächte, scheint mir unberechtigt. Die Alternative zwischen diesem meinem Bemühen und Ihrem Bemühen um ‚Strenge' scheint mir keine echte Alternative zu sein. Schließlich setzt ja jede Form von Strenge bereits einen bestimmten Hörer voraus, eine freischwebende Strenge oder Genauigkeit – wem sage ich das? – gibt es ja nicht. (BW, S. 72)

Bloße Popularisierung lehnt Anders dabei ausdrücklich ab: „Die für Mundharmonika bearbeitete Kunst der Fuge" sei ihm ebenfalls verhasst, „der populärwissenschaftliche Stil viel schlimmer als der akademische Stil, von dem er polemisch abhängt. Nur glaube ich eben – und hier scheiden sich eben unsere Wege –, dass man zuweilen für Mundharmonika komponieren muss, weil die Leute kein anderes Instrument haben, auf dem sie sich die heutige notwendige Melodie vorblasen können.“ (BW, S. 72)[28]

‚Methode Anders‘: Übertreibung und Montage

Die Kontroverse wird schließlich ergebnislos eingestellt. Am 10. Dezember 1963 befindet Adorno, man sei „wirklich weiter gekommen“ (BW, S. 74) – was Anders postwendend bestätigt. Doch kommt es im Mai 1966 zu einem (allenfalls oberflächlich) „[f]reundschaftliche[n] Treffen“ im Hotel Rainer in Wien, an dem auch Anders’ dritte Ehefrau Charlotte Zelka teilnimmt, und in dem das für Anders wesentliche Problem philosophischer Diktion erneut aufgegriffen wird, also die heikle „Frage, wie weit man das, was man zu sagen habe, für bestimmte Ohren zu präparieren habe.“ (BW, S. 90) Dem von Anders angefertigten Gesprächsprotokoll des Treffens ist zu entnehmen, dass Adorno sich dabei „in einen höchst blamablen Widerspruch [verfing]: der behauptet nämlich: man habe so zu formulieren, wie die Sache selbst es verlange, irgendwie würde es dann schon da sein oder ankommen. D. h.: plötzlich war er völlig unsoziologisch, er, der sein Lebtag die soziologischen Ingredienzien jeder Theorie, selbst jedes Kunstwerks, herausgekratzt hatte.“ (BW, S. 90) Obwohl man sich also auf der Ebene philosophischer Theorie und Kritik in zentralen Punkten einig war, blieb man sich in der Grundhaltung fremd. Das lag wohl weniger an verschiedenen Auffassungen über den Einfluss des Sozialen auf die Theorieproduktion, sondern vor allem daran, dass Anders nach 1945 vom philosophischen Schreibtisch immer stärker in die Praxis ‚desertierte' (AM 2, S. 12) und zum philosophisch-politischen Aktivisten wurde, der „unendlich viel nichttheoretische Arbeit" leistet (so Anders mit Bezug auf seinen Eatherly-Briefwechsel an Adorno; BW, S. 52). Das Problem gegenstandsangemessener und adressatengemäßer (philosophischer) Sprache bleibt dabei jedoch für Anders stets zentral: „[D]ieses Sprachproblem steht sehr im Vordergrund für mich".[29] Drei Ebenen lassen sich diesbezüglich unterscheiden: Erstens das Problem der Popularisierung oder die Frage, wie man von den Vielen verstanden wird; zweitens die Sprachkritik, eng verbunden mit der technologischen respektive massenmedialen Bedingung[30] öffentlicher Rede beziehungsweise der Frage nach Wahrheit und Lüge in der Politik; drittens die philosophische Methode oder die Formfrage kritischer Theorie.

Dass Anders mit dem ersten Punkt ernst macht und (nach seiner akademischen Frühphase) auch vor ‚Mundharmonika-Variationen' seiner Thesen in verschiedensten literarischen Gattungen nicht zurückschreckt, hat mehrere Gründe. Neben einer breiten schriftstellerischen Begabung, die früh aus dem akademischen Duktus ausbricht, und dem politischen Anspruch seiner späteren Texte zur Atomgefahr wurzelt Anders' vermeintliche ‚Besessenheit mit dem Leser' in der ernüchternden Erfahrung universitärer Esoterik. Die Textproduktion seiner akademischen Kollegen erscheint ihm „[s]o unsinnig, wie wenn ein Bäcker seine Brötchen nur für Bäcker büke." (GA, S. 28) Die akademische Ausdrucksweise trage nicht, eine „andere Diktion" sei nötig: „Keine extravagante. Vielmehr hat man ‚nur' den Schritt zurück in die Normalsprache zu machen. Im normalen Sprechen spricht man *zu* jemandem, und über Dinge, die diesen Jemand betreffen, und in einem Tone, den dieser Jemand versteht. Und wer diese Normalität nicht erreicht, der wird nie etwas zu sagen haben, wie viel er vielleicht auch zu ‚sagen' haben mag. (ÜP, S. 6) Vorrang haben bei Anders der Gegenstand und die konkrete, praktische Erfahrung, aber stets nur in Bezug auf diejenigen, die das alles etwas angeht (und sei es die gesamte Menschheit). Auch so kann man Adornos Diktum – „die möglichst adäquate und strenge Darstellung der Sache" – auslegen. Damit verbunden ist ein pragmatischer, strikt kommunikativer Wahrheitsbegriff. Über den Wahrheitswert einer Aussage entscheidet nach Anders nicht allein ihr Sachgehalt, die vermeintliche Objektivität des Ausgesagten. Von entscheidender Bedeutung ist, ob sie ihren Adressatenkreis auch tatsächlich erreicht: „*Nur dann, wenn sich das ‚Über' und das ‚Zu', das sujet des Sprechens und das angesprochene Subjekt ‚decken'; […] nur dann haben unsere Aussagen ‚Sinn', nur dann werden sie auch wirklich wahr.*" (SE 2, S. 30) Anders' Variante kommunikativer Vernunft ist so imperativisch wie gnadenlos: Man müsse nicht nur zu den Menschen sprechen, sondern selbst dann Rede und Antwort stehen, wenn man Gefahr laufe, „sich durch die Beantwortung lächerlich zu machen." (ÜP, S. 20)

Ins Pflichtenheft des Autors schreibt Anders überdies die Sprachkritik, den konsequenten Einsatz gegen alle Formen des Jargons, von Euphemismen, falschen Anführungszeichen, von Werbesprache und diskriminierenden Ausdrücken: „Jedenfalls müssen wir ununterbrochen die Vokabeln demaskieren. Die Kritik der Sprache müßte eigentlich zum Hauptunterrichtsgegenstand gemacht werden.“ (G, S. 32) In *Visit beautiful Vietnam* gibt Anders für die Notwendigkeit dieses Unterfangens zahlreiche Beispiele, darunter unter anderem falsche Sprachformen: ‚Der Vietnamkrieg droht sich auszudehnen‘ (als wäre er „ein selbständiges Wesen, das sich von sich aus ausdehnen kann, nein, sogar die noch raffiniertere Fähigkeit hat, mit Selbstausdehnung zu drohen“) oder ‚Demonstranten haben Verwundungen davongetragen‘ („wie Früchte an Ästen“) (BV, S. 24, 75). Die Wahrheit einer Nachricht wird Anders zufolge auch durch einen unwahrhaftigen Sprachgestus beschädigt und dadurch „*mit-unwahr*“, wie beispielsweise in der Formulierung, dass „*das Ausroden der Infrastruktur des Viet Cong*“ für die US-Soldaten „*eine der frustrierendsten Aufgaben des Krieges*“ sei (BV, S. 196 f.). Zu den kontaminierten Sprachformen zählt er ferner die semantische Extension respektive Bedeutungsverschiebung, deren Effekt er an einem Statement Präsident Johnsons veranschaulicht. Dieser habe am 3. September 1967 im Rundfunk erklärt, „daß es im Kreise seiner Mitarbeiter keinerlei Meinungsverschiedenheiten über den Vietnam-Krieg gebe [...], ausnahmslos alle befürworteten die Fortsetzung der eskalierten Bebombung von Nordvietnam, in dieser Hinsicht herrsche in ihrem Kreise *vollkommene Harmonie.*“ Unter ‚Harmonie‘ habe man in diesem Fall also zu verstehen, „*daß sich Kriegsverbrecher über die Antworten auf die Frage, wen sie wo und mit welchen Mitteln ausrotten sollen, einig sind.*" (BV, S. 79) In seinen 1982 veröffentlichten *Ketzereien* stellt Anders schließlich eine ‚schwarze Liste' all jener Wörter auf, die „entweder sinnleer, ideologisch verbrämt oder (in politischer Absicht) irreführend" sind.[31] Scharf kritisiert er Kollegen, die noch immer vom ‚Wesen' sprechen, ‚Werte' im Mund führen und ‚Kreativität' predigen. Strikte „Vokabelabstinenz" (K, S. 137) verordnet er ferner bei ‚Eigentlichkeit', ‚Tiefe' und ‚Struktur'. Alle diese Begriffe (und einige mehr) transportierten „Krypto-Meinungen" (K, S. 135), das heißt, sie fungieren als mehr oder weniger diskrete Diskursmarker, dienen der intellektuellen Gruppenbildung und bahnen dem Denken Wege vor, aus denen es nur schwer herausfindet. Mit den Wörtern ist es bei Anders wie mit dem Geld: Immer wieder gilt es, den gegenwärtigen Wert spezifischer Vokabeln, auch philosophischer Termini, zu taxieren. Denn in den „Wechselstuben des Geistes" ist eine Menge Falschgeld im Umlauf (K, S. 137).[32]

Eng mit den beiden ersten Punkten der Popularisierung und Sprachkritik verwoben ist für Anders drittens die methodologische Frage, welche literarischen Formen und Darstellungsmittel den jeweiligen Gegenständen philosophischer Auseinandersetzung angemessen sind. Oberflächlich betrachtet bewegt sich sein Nachdenken über Sprache oft im Register von Politik und Pädagogik. Man könnte es als eine Art Gegen-Propaganda charakterisieren. In seiner unmittelbar politischen Ausrichtung ist es mehr taktische Waffe oder Medizin denn Theorie. Der didaktische Impetus ist unverkennbar. Darüber hinaus geht es Anders in seiner Sprachkritik jedoch immer auch um eine Kritik philosophischer Diktion und Methode überhaupt, im Besonderen der Phänomenologie Husserl'scher Prägung. Diese Kritik führt ins Zentrum seines Werks, zur *Kritik der politischen Technologie*. Ihr Ausgangsbefund ist das sogenannte „prometheische Gefälle", das Anders im ersten Band der *Antiquiertheit* analysiert. Gemeint ist der wachsende Abstand oder die Diskrepanz zwischen der Macht der Technik auf der einen und der relativen Ohnmacht menschlicher Vermögen auf der anderen Seite: „Durch unsere unbeschränkte prometheische Freiheit, immer Neues zu zeitigen [...] haben wir uns als zeitliche Wesen derart in Unordnung gebracht, daß wir nun als Nachzügler dessen, was wir selbst projektiert und produziert hatten, mit dem schlechten Gewissen der Antiquiertheit unseren Weg langsam fortsetzen oder gar wie verstörte Saurier zwischen unseren Geräten herumlungern." (AM1, S. 28 f.) Anders zufolge hat die Technik den Menschen als eigentliches Subjekt der Geschichte abgelöst. Schon „durch ihr bloßes Dasein" träten die Apparate den Menschen als „Pseudo-Personen" mit „eigenen starren Grundsätze[n]" gegenüber (AD, S. 103), als Co-Akteure mit eigener *agency* also, als Matrizen des Verhaltens, Form der Emotionen, Struktur der Lebenswelt und schließlich als Bedrohung aller Lebensgrundlagen. Damit setzt Anders sich in einem Schlüsselpunkt radikal von den selbsternannten Revolutionären der 68er-Bewegung ab, die sich stattdessen auf Marx, Mao und Marcuse beriefen. Zwar nimmt Anders Marx in vielen Punkten auf, und das nicht bloß rhetorisch in seiner Rede von der Technik als Subjekt. Aber die Technik als solche, ganz zu schweigen von der Technik als epochemachender sozialer Macht, spielt weder bei Marx, der keine elaborierte Technik-Theorie hat, noch in der 68er-Bewegung eine zentrale Rolle. Demgegenüber ist sie für Anders die eigentliche revolutionäre Kraft des 20. Jahrhunderts. „Revolutionäres gibt es heute in Hülle und Fülle", schreibt er in einer Glosse in *Visit Beautiful Vietnam*, die den Titel „*Verändern genügt nicht*" trägt und unschwer als Kommentar zu Marxens elfter Feuerbachthese zu identifizieren ist (BV, S. 178). Die gegenwärtige – technologische – Macht sei weder repressiv noch reaktionär, sondern selbst in beständiger Veränderung begriffen. Genau aus diesem Grund, so versucht Anders gegenüber seinem revolutionsbewegten (und keineswegs grundlegend fortschrittsungläubigen) Publikum anschlussfähig zu bleiben, sei heute nichts dringlicher als Revolution, wozu für Anders jedoch zunächst gehört, den Begriff von Revolution, „und zwar aufs revolutionärste", neu und das heißt anders als im Sinne der Stadtguerilla oder des Befreiungskampfs in Lateinamerika zu interpretieren:

> Was heute fällig ist, mindestens ebenso fällig wie die Veränderung der Welt, ist die wirkliche Interpretation jener Veränderungen, die malgré nous, auch im Lager unserer Gegner, vor sich gegangen sind und vor sich gehen. Wenn es uns gelänge, die Bewandtnis und die Effekte dieser Veränderungen (z.B. die Bewandtnis derjenigen ‚Entfremdungen', die nicht Eigentumsverhältnissen entspringen, sondern der Technik, also auch im Sozialismus als Bedrohung weiterexistieren) *wirklich zu deuten*, so würde gerade diese Deutung etwas ungleich Revolutionäreres

> sein und ungleich mehr ‚Aktion' darstellen, mindestens auslösen, als jene tausende von Aktionen, die die tägliche technologische Revolution unserer Welt ausmachen. (BV, S. 179)

Die Interpretation der technologischen Umwälzungen und ihrer Effekte wird für Anders zur Voraussetzung politischer Interventionen. Nur so „wird es wieder klar werden können, auf was die politische Revolution abzuzielen hat. Und das von neuem zu wissen, wäre revolutionär." (BV, S. 179)[33] Statt zum Gefecht zu blasen, plädiert Anders 1968 also für Aktions-Askese – freilich nicht zugunsten einer ‚kritischen Kritik', gegen die schon Marx zu Recht geätzt hatte, weil sie maligne soziale Verhältnisse zwar im Gestus radikal, aber letztlich bloß durch Begriffsarbeit kurieren wollte. Auch Anders versteht Theorie als eine Form politischer Tätigkeit. Beide – Theorie und Praxis – gehören für ihn untrennbar zusammen. Und doch insistiert er in seinem Vietnam-Buch gut materialistisch auf einer Revision beziehungsweise Kontemplation des Revolutionsbegriffs angesichts radikal veränderter materieller Umstände. Hier lokalisiert er mehr oder weniger unverhohlen den blinden Fleck der 68er-Bewegung:

> Diejenigen, die sich damit bescheiden, in unserer heutigen sich täglich verändernden Welt blindlings und mit abgewetzten Begriffen weiterzuwurschteln, die sind um nichts weniger reaktionär als die von Marx bemängelten, die sich darauf beschränken, eine stationäre Welt mit täglich changierenden Kategorien anzuleuchten. *Praxis ohne Theorie* ist nicht minder stur und

> nicht minder leer, vielleicht sogar sturer und leerer, als *Theorie ohne Praxis.* (BV, S. 179)

Wie hat diese Interpretation vor sich zu gehen? Sie muss, so Anders' Antwort, dem prometheischen Gefälle Rechnung tragen. Denn die meisten Artefakte, die unsere eigentliche Umwelt bilden und diese zum „Weltzustand Technik" (AM 2, S. 9) machen, seien keine *phainomena* mehr. Sie zeigen uns nicht mehr, wer beziehungsweise wie sie sind, werden hinsichtlich ihrer Bewandtnis gar zu professionellen Selbstverleugnern: „Die eigentliche Gefahr von heute besteht in der *Unsichtbarkeit der Gefahr.*" (TH, S. 7) Auch sprachlich ließen sie sich kaum noch fassen.[34] „Wer einmal in Auschwitz vor den leeren Dosen der Zyklon-B-Kristalle gestanden hat", so Anders, „der weiß, daß diese Behälter, von denen jeder bekanntlich den qualvollen Vergasungstod von Hunderten in sich geborgen hat, ungefährlicher ausgesehen haben als die kleinsten Taschenmesser; daß sie von den Effekten, die zu bewirken sie imstande waren und um derentwillen sie überhaupt hergestellt worden waren, überhaupt nichts verrieten." Daher halte er es „durchaus für möglich, daß die Angestellten, die diese Behälter zu ihren ‚Bestimmungsorten' zu tragen und dann zu ‚verwenden' hatten, einfach durch deren unscheinbares Aussehen daran verhindert waren, wirklich zu begreifen[,] was sie da taten – ungeachtet der Tatsache, daß sie natürlich wußten, was sie da taten" (BV, S. 175 f.)

Um eben das, was sich nicht mehr zeigt, wieder sichtbar zu machen, kommt bei Anders eine spezifische Methode zum Einsatz: die „Übertreibung in Richtung Wahrheit" (PS, S. 141 f.).[35] Jede Verharmlosung und Bagatellisierung müsse in der Darstellung wieder ausgeglichen werden, indem man systematisch übertreibe, und zwar um so viel, wie gewöhnlich untertrieben werde. Den umgekehrten Fall einer notwendigen ‚Untertreibung in Richtung Wahrheit' schildert Anders am Beispiel der US-amerikanischen TV-Serie *Holocaust* (1979). Diese machte das Grauen der Shoah am Fall einer einzigen jüdischen Familie begreifbar und sorgte so Ende der Siebzigerjahre in Deutschland und Österreich für eine längst überfällige kollektive Verstörung, die eine intensive Auseinandersetzung mit der lange verdrängten Vergangenheit nach sich zog (BH, S. 179–216). Ob über- oder unterschwellige *phainomena*: Weil gewöhnliche Deskription und abstrakte Analyse angesichts von Zyklon-B-Dosen, Atomreaktoren und Genoziden versagen und, schlimmer noch, die Wirklichkeit verfälschen, wird für Anders Phantasie zur philosophischen Wahrnehmung von heute, ihr Werkzeug eine Art „prognostische Hermeneutik" der Produkte (AM 2, S. 474 ff.), das vorausschauende Verstehen, das die Wirkungen und Effekte der Technik oder einer Ware imaginiert: „*Phantasie hat, da ihr Gegenstand: die phantastische Wirklichkeit, selbst phantastisch ist, als eine Methode der Empirie zu funktionieren, als Wahrnehmungsorgan für das tatsächlich Enorme.*" (BH, S. 39)

Seine Vorbilder für methodische Übertreibung und prognostische Auslegung findet Anders vor allem im Bereich der bildenden Kunst, der Literatur und auf dem Theater: neben John Heartfields Collagetechnik in Bertolt Brechts Verfremdungseffekt oder Alfred Döblins Großstadtroman *Berlin Alexan-*

derplatz und den düster-grellen Weimar-Panoramen eines George Grosz.[36] So wenig, wie Grosz' Bilder zur Betrachtung ‚einladen', rechnet Anders mit aufgeschlossenen Lesern, „sondern mit solchen, die sich eigentlich dagegen sträuben, auf die Welt [...] hinzublicken." (MW, S. 207) Umso offensiver, plakativer, enervierender daher der Ton vieler Texte des „professionellen Panikmachers" (TH, S. 12). Dass seine Schriften auf ähnliche Weise ansprechen wollen, wie Grosz' Bilder ihre Betrachter anblicken, nämlich mit moralisch bohrender Strenge, war Anders' Reaktion auf eine Welt atemberaubender technologischer ‚Innovationen', des ubiquitären ‚Werbeterrors', politischer Verharmlosungen und PR-Lügen, der atomaren Drohung, nicht zuletzt auch massiver Umweltzerstörungen. Wie die globalen Proteste gegen den anthropogenen Klimawandel gegenwärtig zeigen, ist dieser methodische Ansatz auch ein halbes Jahrhundert nach ‚1968' noch lange nicht antiquiert.

Von Menschen, Flundern und letzten Dingen. Günther Anders' negative Menschenkunde der Moderne

In einer unlängst neu aufgelegten Erzählung Oskar Panizzas aus dem Jahr 1890 landet ein Wanderer auf der Suche nach Herberge spätabends vor den Toren einer Werksanlage. Deren Direktor, „ein schwarzes kleines Männchen mit freundlichem, glattrasierten Gesicht", nimmt sich des unerwarteten Gastes an und führt ihn durch den weitläufigen Betrieb: eine Menschenfabrik.[1] Nachdem der erste Schock überwunden ist, echauffiert sich der Erzähler, ein humanistisch veranlagter Anhänger Herbarts und Lotzes, wortreich. Seine Vorbehalte sind bestechend: Wozu sollte man Menschen machen wie Brot, wenn sie ohnehin tagtäglich geboren werden? Und würde die künstlich hergestellte, von keinem menschlichen Gewissen belastete Art nicht eines Tages nach Weltherrschaft streben? Wo der Wanderer einen neuen Klassenkampf der Menschengattungen imaginiert und in kulturkritische Tiraden verfällt, erblickt der Direktor (neben einem vielversprechenden Geschäft) nur Vorteile: fest mit dem Leib verbundene Kleider bei minimierten Körperausdünstungen, genau vorbestimmte körperliche, affektive und geistige Anlagen „nach den besten Mustern" – auch das Denken habe man der neuen Rasse „glücklich abgeschafft"![2] Der natürlichen „Unzuverlässigkeit der meisten Menschen, der Zweifelsucht, [...] dem Zaudern und Zögern auf allen Gebieten" stellt der emphatisch für gesellschaftliche Ordnung schwärmende Mann sein durch und durch fixiertes Fabrikat gegenüber, das ohne alles „Schwanken, das Hin und Her der Wünsche und Bestrebungen“, die übliche menschliche „Unentschlossenheit“ auskomme.[3]

Mit seiner kurzen Erzählung ist Panizza nicht nur eine aus heutiger Sicht fast prophetische Dystopie der Menschenoptimierung geglückt (auch wenn das pointenfixierte Finale schon für damalige Verhältnisse recht harmlos daherkommt: die Menschenfabrik erweist sich schließlich als Meissener Porzellanmanufaktur). Er hat zudem knapp vierzig Jahre vor ihrer Blüte grundlegende Motive der Philosophischen Anthropologie der 1920er Jahre skizziert, allerdings *ex negativo* und in Form zweier unvermittelter Gegenstandpunkte. So befindet sich die wesensmäßige Unfestgelegtheit und Unbestimmtheit, ja Unzuverlässigkeit des Menschen im Zentrum der Kontroverse zwischen Wanderer und Direktor. Beide sind auf ihre Weise Romantiker – des ‚natürlichen‘ Menschen der eine, des ‚künstlichen‘ der andere. Aus Sicht der Philosophischen Anthropologie dagegen ist beides in einem zu denken. Der Mensch, schreibt Helmuth Plessner, ist „von Natur, aus Gründen seiner Existenzform, *künstlich*.“[4] Als exzentrisches Wesen müsse er „sich zu dem, was er *schon ist, erst machen*.“[5] Die menschliche ‚Natur‘ ist also von einer „spezifische[n] Gebrochenheit“, einer „eigentümliche[n] Verschränkung zwischen Weltoffenheit und Umweltlichkeit des Menschen.“[6]

Wie der zu Lebzeiten verfemte literarische Außenseiter Panizza geriet auch die Philosophische Anthropologie Plessners nach 1933 zunächst in Vergessenheit, die Nachkriegsrezeption verlief schleppend,[7] von Wiederentdeckung, ja Revitalisierung kann erst seit kurzem die Rede sein.[8] Weitgehend unbekannt blieb bisher zudem, dass im Kontext von Plessner, Max Scheler und Nicolai Hartmann (der „Kölner Konstellation“[9]) auch der junge Günther Anders – unter dem Leitbegriff der „Weltfremdheit des Menschen“ – an einer systematischen Philosophischen Anthropologie arbeitete.[10] Von Husserl und Heidegger kommend versuchte er, sich an die „Denkrichtung“[11] Schelers und Plessners anzuschließen. Nach dem Zweiten Weltkrieg, den der Vertriebene im Exil überlebte, machte er sich einen Namen als „luzideste[r] Kritiker der technischen Welt“.[12] Aufgrund seines politischen Engagements in der Anti-Atom-Bewegung und seines methodischen Hangs zur „Übertreibung in Richtung Wahrheit“ (PS, S. 141 f.) wurde er von vielen Zeitgenossen als monothematischer ‚Atomphilosoph‘ wahrgenommen und auf einen Status als „professioneller Panikmacher“ (Anders über Anders) reduziert. Der innere Zusammenhang seines Werks, zu dem auch ein umfangreicher Nachlass gehört, blieb zu seinen Lebzeiten hinter den thematisch diversen und zumeist essayistischen Nachkriegsschriften verborgen. Dabei hat Anders, wie sich im Lichte neuerer Nachlasseditionen immer klarer abzeichnet,[13] den Faden seiner umfangreichen anthropologischen Frühschriften in seiner späteren Kulturkritik der Antiquiertheit des Menschen konsequent in Richtung einer *„philosophische[n] Anthropologie im Zeitalter der Technokratie“* (AM 2, S. 9) weitergesponnen. Sein philosophisches Œuvre, Anders selbst spricht retrospektiv von einer erstaunlichen *„Systematik àpres coup“* (AM 2, S. 11), lässt sich nun, da auch das Frühwerk in wesentlichen Teilen erschlossen ist, nicht nur als genuiner Beitrag zum Theorieprojekt Plessners,[14] sondern auch als eine breit angelegte *Negative Anthropologie* begreifen, genauer: eine negative Menschenkunde der Moderne. Fünf eng miteinander verbundene Aspekte sind zu unterscheiden: Anthropologie heißt bei Anders immer zugleich auch Anthropologiekritik. So weist er (1.) bereits in seinen frühesten philosophisch-anthropologischen Arbeiten klassische anthropologische Ansätze, Vorstellungen und Redeweisen zurück, allen voran den anthropologischen Kollektivsingular und die vermeintliche Sonderstellung des ‚Menschen' im Kosmos. Darüber hinaus negiert er (2.) in seiner Anthropologie der Weltfremdheit jede *positive* Wesensbestimmung mit Verweis auf die konstitutionelle Unbestimmtheit der menschlichen Lebensform. Im US-amerikanischen Exil (1936–1950) und danach rücken (3.) unter dem Begriff der ‚Weltlosigkeit' verstärkt gesellschaftliche Aspekte der Weltfremdheit – in soziologischer Terminologie: Entfremdung und Exklusion – in den Blick. Angesichts der Atombombe verlagert sich schließlich (4.) der Fokus von den „Menschen ohne Welt" zur „Welt ohne Menschen", anders formuliert: von der negativen Anthropologie zur drohenden Vernichtung allen Lebens in der atomaren Apokalypse. Abschließend kann man (5.) dieser Reihe noch eine weitere Negation hinzufügen – eine, die Anders selbst performativ negiert: die strikte Zurückweisung jeglicher Moralbegründung, der gegenüber ihr Verfechter „mit *eiserner Inkonsequenz*" (K, S. 198) auf dem Überleben der Menschheit beharrt.

Abschied vom ‚Menschen' – Antiquiertheit der Anthropologie

Betrachtet man Anders' Überlegungen zur philosophischen Anthropologie – als Disziplin wie im Sinne der „Denkrichtung" Plessners, die Anders anfänglich einschlägt[15] – in der Gesamtschau, gewinnt man den Eindruck doppelter Buchführung. Philosophische Anthropologie (Denken über den ‚Menschen') und Anthropologiekritik (Problematisierung des ‚Menschen'), gehen bei ihm Hand in Hand. Schon die ersten, ambitionierten Entwürfe münden schlussendlich in eine Abschiedsgeste, die das Spätwerk in einem kurzen Stück zur „Antiquiertheit der Philosophischen Anthropologie" (AM 2, S. 142 ff.) explizit bekräftigt – in einem Buch, das vom Autor gleich auf der ersten Seite dem Genre philosophische Anthropologie zugeordnet wird. Diese und andere vermeintlichen Inkonsistenzen sind Oberflächenphänomene und als solche einem durchaus stringent entwickelten negativ-anthropologischen Ansatz geschuldet, der sowohl den ‚Menschen' als auch die Disziplin, die über ihn spricht, für kritikwürdig hält, ohne sich selbst den Mund zu verbieten. Wie in allen seinen Arbeiten legt Anders auch hier besonderes Augenmerk auf die Sprache, das heißt in diesem Fall: die Art und Weise, wie überhaupt vom ‚Menschen' gesprochen werden kann oder sollte – und wie nicht. Dazu einige Anmerkungen: Dass Menschen kontingente Wesen sind, die es genauso gut auch nicht geben könnte, habe er bereits Ende der 20er Jahre in einem Vortrag vor der Frankfurter Kant-Gesellschaft betont, so Anders im Interview mit Fritz J. Raddatz 1985: „Daß es Menschen gibt, ist ebenso zufällig wie daß es Spinat gibt oder daß es Flundern gibt." (BR, S. 10 f.)[16] Auch wenn sein Vortrag über die menschliche „Weltfremdheit" (WM, S. 11–47) mit der axiomatischen Differenz von Mensch und Tier ebenso operiert wie mit der These von der wesensmäßigen Wesenslosigkeit des Menschen und auch sonst unschwer als – existenzphilosophisch getönter – Beitrag zur Philosophischen Anthropologie zu erkennen ist,[17] hält schon der frühe Anders Menschen nicht für prinzipiell „philosophiewürdiger" als etwa „Quallen oder Brennesseln" (K, S. 11). Dem späten kommt es einer Anmaßung gleich, einem Akt „metaphysische[r] *Großmäuligkeit*", Menschen „eine andere metaphysische Valenz" zuzusprechen als allen sonstigen Kreaturen (BR, S. 12, 11). Die Sonderstellung des Menschen im Kosmos, die Scheler Anfang des 20. Jahrhunderts neu zu bestimmen suchte, wird scharf zurückgewiesen, der Terminus ‚Wesen des Menschen' auf die schwarze Liste kontaminierter philosophischer Vokabeln gesetzt (K, S. 130).

Was Anders bereits in jungen Jahren irritiert, ist vor allem das narzisstische Menschenbild seiner eigenen Zunft. So kritisiert er in einer zu Lebzeiten unveröffentlichten, von Heidegger und Hartmann inspirierten wissensontologischen Analyse des Instinkts den traditionellen philosophischen Ich- beziehungsweise Subjektbegriff als „eine Bildung ad imaginem eines einzelnen Ichtyps [...], der unberechtigterweise als pars pro toto fungierte." Hinter dem „herkömmliche[n] Ich" der Subjektphilosophie luge nämlich „das Ich des einsamen erwachsenen hominis sapientis quod philosophi" hervor (WM, S. 95). Verdeckt werde dadurch, dass Menschen keinesfalls grundsätzlich erfahrene, sondern vielmehr *erfah-*

rungsbedürftige Wesen seien, die sozusagen *nachträglich* zur Welt kommen. Zwischen ihnen und der Welt liegt Anders zufolge eine ontologische Kluft, die sie *a posteriori* (immer wieder aufs Neue) überbrücken müssen (WM, S. 48). Eben dies treffe aber eigentlich nur auf den jugendlichen und erwachsenen Menschen zu, die ontologische Lage des Säuglings sei demgegenüber völlig verschieden. Wo Erwachsene als Subjekte Abstand zur Welt haben – und nur deshalb überhaupt ‚Gegenstände' vorfinden und Sachverhaltswissen erwerben können –, befinden jene sich in ihren ersten Lebensmonaten laut Anders in einer nachgerade symbiotischen Weltbeziehung, nämlich zur Mutter. Diese werde vom Kind nicht ‚sachverhaltlich' – als Objekt – gewusst. Im Akt des Nährens habe das Kind die Mutter „nicht als gesondertes Ich", sondern gleichsam „dativisch", was letztlich für beide Beteiligten gilt: „wie die Mutter ‚für das Kind da ist', so ist das Kind *‚ihr'*" (WM, S. 108).[18] Vom ‚Menschen' zu reden, ist gemäß Anders also allenfalls dann sinnvoll, wenn man zugleich mit angibt, in welchem individuellen Weltverhältnis er sich jeweils befindet, das heißt an welcher Stelle innerhalb des ihm möglichen „Pendelambitus" zwischen extremer Welteinbettung (Fötus, Säugling) und maximaler Weltoffenheit (Erwachsener beziehungsweise Philosophierender) (WM, S. 30).[19] Ignoriert habe seine Profession ferner lange Zeit die „Grundtatsache, dass der Mensch zwei Leben führt", sich in zwei „Fundamentalsituation[en]" befindet: „dass er schläft und wacht" (WM, S. 118) – auch dies nach Anders ein Ausdruck des menschlichen „Pendelambitus". Darüber hinaus gelte es in der Rede vom Menschen wie vom Tier zu berücksichtigen, „dass es (ausdrücklich plurale) Menschen und Tiere gibt." (WM, S. 202) Der anthropologische Kollektivsingular entpuppt sich als schlechte Abstraktion, wenn die Pluralität der Menschen als „zufälliges Faktum" unterschlagen wird: „Mensch ist von vornherein Menschen" (WM, S. 203), ein Tatbestand, den Anders' erste Frau Hannah Arendt später als „Grundbedingung" menschlicher Existenz bezeichnet und zum Stützpfeiler ihrer politischen Theorie ausbaut.[20] Und wie bei Arendt sind schon bei Anders Menschen qua Pluralität nicht bloß „ab ovo" Viele, sondern zugleich Individuen (WM, S. 203, 36). Des Weiteren sei das menschliche Individuum „niemals nur Individuum schlechthin, sondern grundsätzlich Mann oder Frau" (WM, S. 95). Auch wenn seine diesbezüglichen Überlegungen in den Frühschriften heutigen gendertheoretischen Ansprüchen nicht mehr genügen, zeigt Anders sich einige Jahre später doch noch auf der Höhe der Zeit: Nicht nur, dass er (mit Blick auf seine frühen Texte auch selbstkritisch) befindet, es sei „nicht sehr ermutigend, daß sich *die philosophischen Bilder vom Menschen fast immer als Bilder vom philosophischen Menschen* herausstellen." (LG, S. 62) Es seien zudem „wir Männer", die Frauen auf ihr „Frau-sein" festlegten, sodass deren Geschlechtszugehörigkeit stets „eine andere Rolle spielte als beim Mann", eben eine ausdrückliche, weil das weibliche „das *andere* Geschlecht, also das Geschlecht *für* den Mann ist." (LG, S. 75, 74) Damit weitet sich die Perspektive abermals. Die anthropologische Grundfrage nach der Wesensbestimmung des Menschen, die der junge Anders noch im Paradigma der Philosophischen Anthropologie mit Verweis auf die essentielle Unbestimmtheit des Menschen und seine vermeintlich apriorische binäre Geschlechtlichkeit beantwortet, verliert auch ihre soziologische Unschuld. Wenn alle Arten von Festschreibungen, „gleich ob sie in Form von Eisenketten, Sitten, Vorurteilen oder Philosophien vor sich gehen", stets „Machtergebnisse" sind, wie Anders in *Lieben gestern* konstatiert (LG, S. 75), dann gerät selbst die Anthropologie der Unfestgelegtheit endgültig unter Ideologieverdacht.

Schon am Ausgang seiner frühen Entwürfe, in der im französischen Exil verfassten und auf Sartre vorausweisenden Abhandlung „Pathologie de la Liberté",[21] fragt Anders nachdenklich, ob eine Anthropologie, die die Autonomie des – per se unbestimmten, also bestimmungsoffenen – Menschen zu einer Sache der Selbstdefinition macht, nicht in den philosophischen Selbstbetrug führt. Mit Seitenhieb auf Heidegger heißt es da: „[U]nd während sie den Menschen lehrt, seiner ‚Eigentlichkeit' hinterherzulaufen, überlässt sie ihn denen, die daran interessiert sind, ihn gleichzuschalten, und bringt ihn um seine Freiheit." (WM, S. 81) Auch in dieser Hinsicht also ist der anthropologische Kollektivsingular verdächtig. Freiheit im Sinne wesensmäßiger Unbestimmtheit und Weltoffenheit könne nur dem ‚Menschen' der Anthropologie zugeschrieben werden, warnt Anders in einer um 1940 entstandenen Skizze mit dem sperrigen Titel „Disposition für *Die Unfertigkeit des Menschen und der Begriff ‚Fortschritt'*", die als Scharniertext zwischen Früh- und Spätwerk gelesen werden kann; *die* Menschen (im Plural) aber seien auf Grund eben dieser (anthropologischen) Freiheit „gerade allen Nuancen von Unfreiheit exponiert." (WM, S. 323; siehe auch TG, S. 206) Im zweiten Band der *Antiquiertheit* blickt Anders dann mit Abstand von 50 Jahren abermals auf die Philosophische Anthropologie, die einmal sein Startpunkt in eine – durch Vertreibung und Exil verhinderte – akademische Karriere hätte sein sollen, zurück. Sein Urteil fällt nun durchweg negativ aus: Wer angesichts der Kontingenz alles Lebendigen das Wesen des Menschen an seiner *differentia specifica* festmachen wolle, sei „philosophisch infantil", alles andere pure Theologie und die Wesensfrage daher, wenn überhaupt, „allein unter theistischen Voraussetzungen sinnvoll" (AM 2, S. 142).[22] Auch die alte Kritik an der Philosophenebenbildlichkeit kehrt im Spätwerk wieder: „In der Tat sind wir, wenn wir Philosophische Anthropologie treiben, nicht weniger komisch, als es Wäscherinnen wären, wenn sie den Menschen als animal lavans definieren würden", ätzt Anders in den *Ketzereien* (S. 93). Was angesichts dessen und der Vehemenz, mit der insbesondere der späte Anders sich an anthropologischen Glaubenssätzen abarbeitet, zumindest auf den ersten Blick verwundern mag, ist – trotz aller (Selbst-) Kritik – die durchgängige Treue gegenüber dem eigenen Frühwerk: Eine ‚positive Anthropologie' habe er nicht nur deshalb nicht vorgelegt, weil er als Chronist der Antiquiertheit des Menschen „niemals zur Theorie des gesunden Menschen Zeit gefunden habe", so Anders, sondern „weil ich seit einem halben Jahrhundert *im Menschen das grundsätzlich nicht gesund sein könnende und nicht gesund sein wollende, also das nichtfestgelegte, das indefinite Wesen gesehen habe, das definieren zu wollen paradox wäre.*" (AM 2, S. 144)[23]

Mit diesem späten Bekenntnis weist Anders seine frühe Anthropologie unmissverständlich als eine *negative* aus, das heißt als Menschenfassung, die allen positiven Bestimmungen[24] widerspricht und stattdessen – ohne Minimaldefinition geht es nicht – von einer ontologischen, im Mensch-Welt-Verhältnis fundierten Unfestgelegtheit der menschlichen Lebensform ausgeht. In ihrem Zentrum steht der Begriff der „Weltfremdheit".[25] Vor der Folie der Tiere hebt sich der Mensch für Anders dadurch ab, dass er *a priori* auf keine vorhandene Welt „zugeschnitten" ist; er kommt, obwohl selbst Teil der Welt, immer erst *nachträglich* auf dem Weg der Erfahrung zu ihr. Das gnostische Motiv wird hier pragmatisch gewendet: Nur weil er mit seiner Umwelt nicht gleichsam verwachsen, sondern vielmehr flexibel in sie eingebettet sei, könne der Mensch sie sich (wie bei Gehlen: kompensatorisch) nach eigenen Vorstellungen anmessen (WM, S. 48). Seine Weltfremdheit – eine ontologische Zwitterstellung, die Anders mit und gegen Heidegger als *„Insein in Distanz"* (WM, S. 16) bezeichnet –, ist also zugleich Garant seiner Welt*offenheit*. Die Fähigkeit, sich immer andere „Welten über der Welt" nach eigenen Bedürfnissen und Prätentionen einzurichten, klassifiziert ihn nach Anders als im Wortsinn ‚abstraktes' (zur Abstraktion vom Vorfindlichen fähiges) beziehungsweise *„utopisches* Wesen", dem das Gegebene nie genug ist (WM, S. 21, 188).[26] Die stark an Plessner erinnernde Quintessenz der negativen Anthropologie der Weltfremdheit lautet daher: *„Künstlichkeit ist die Natur des Menschen und sein Wesen ist Unbeständigkeit."*[27] Seine prekäre ontologische Lage, in die Welt gestellt, aber niemals passgenau eingefügt, verbürgt existentiell Freiheitschancen wie Lebensrisiken gleichermaßen. In anderen Worten: Der Mensch ist nicht nur, wie Tiere, von Hunger oder vorzeitigem Tod bedroht; er kann, weil er (wie Plessner sagt) es praktisch *führen* muss, sein Leben auch verfehlen.[28] Alle weiteren Charakteristika, die den Menschen für gewöhnlich als solchen qualifizieren – Sprache, Vernunft, Lügenkönnen, Theorie und Praxis etc. – werden von Anders ausgehend vom ontologischen Nullpunkt des Nicht-vollständig-Darinnenseins, der Abstraktion des Menschen von der Welt, wechselseitig erhellt (nicht etwa hergeleitet, wie er ausdrücklich betont) (WM, S. 190).

Bis hierhin orientiert sich Anders, neben seiner fundamental- und wissensontologischen Stoßrichtung, noch stark am Kurs der Philosophischen Anthropologie. Einen Schritt darüber hinaus macht er, wenn er sich der (qua Weltfremdheit beziehungsweise Abstraktion möglichen) Freiheitserfahrung zuwendet. Auch diese Analyse zeitigt keine positiven Ergebnisse; sie endet im Paradox. Denn es sei just der freie Rückbezug des Menschen auf sich selbst, der „die Tragfähigkeit der Selbständigkeit Lügen straft." (WM, S. 27) Und dies gleich in zweifacher Hinsicht. Zum einen führe der „Selbstrekurs" ins eigene Innere nicht zu dauerhafter Selbstbestätigung, sondern in den existentiellen Solipsismus: „Der aus [sic] sich selbst rückgeworfene Mensch wird im Versuch einer absolut freien Seinsübernahme sich selbst zum Scheine" (WM, S. 27). Zum anderen erfahre man sich im freien Rückbezug paradoxerweise als unfrei – auch hier in zweifacher Weise: Erstens hat man sich nicht selbst gesetzt, liegt sich selbst sozusagen immer schon voraus, ist, wie Anders im Vorgriff auf

Sartre schreibt, „zu-sich-selbst-verurteilt". Zweitens erscheine eben dieses Schicksal „als völlig beliebig. Der Mensch erfährt sich als kontingent, das heißt: als irgendeinen, als ‚gerade ich' (den man ja nicht frei gewählt hat), als einen, der gerade *so* ist (obwohl man anders sein könnte)", und der noch dazu aus einem Ursprung stamme, den man weder zu verantworten habe, noch einfach abweisen könne: „Ich ist erfahrbar, höchstens nachträglich wählbar, niemals setzbar." (MW, S. 28) Die Antwort auf die ins existentielle gewendete Leibniz-Frage „Pourquoi il y a plus tôt quelque chose que rien?" führt laut Anders daher unmittelbar und wiederkehrend in die Verstörung, den „Kontingenzschock" (WM, S. 49 f.), das heißt psychologisch die Scham, Nicht-Ich zu sein.

Neben der keineswegs trivialen Option, aus dem Freiheitsparadox suizidale Konsequenzen zu ziehen (WM, S. 35), skizziert Anders nun zwei unterschiedliche Bewältigungsstrategien dieses Schocks in Gestalt zweier Idealtypen: Der „historische Mensch" nehme das hochgradig kontingente Leben als seines an, stelle sich seiner eigenen Gewordenheit, das heißt, er wendet das aus der Weltfremdheit resultierende Paradox ins Positive, während die „gegengeschichtliche Existenz" beziehungsweise der „Nihilist" vom Freiheitsparadox paralysiert werde. Statt seine Existenz auf sich zu nehmen, versuche er, das Paradox mit der zwanghaften Vervielfältigung seiner Optionen, mit Macht und Ruhm zu betäuben – mit dem paradoxen Effekt, dass er sich noch mehr im Kontingenten verliere und angesichts der eigenen historischen Größe nur noch kleiner werde (WM, S. 59–78).[29] Zwar kann auch der geschichtliche Mensch, der Anders zufolge als existentialistischer Hegelianer alles, was ihm widerfährt, ‚vernünftig' macht, indem er es sich als sein Eigenes aneignet, das Freiheitsparadox nicht auflösen. Immerhin aber lernt er, damit zu *leben.* Gegen Ende der „Pathologie der Freiheit" scheint schließlich in einer Art cartesischen Wendung noch ein dritter – tatsächlicher – Ausweg auf, der das Paradox nicht bloß überspielt, sondern echte Identifikation ermöglicht: Allein der Handelnde befinde sich „außerhalb der Unannehmlichkeit des Kontingenzschreckens", so Anders (WM, S. 78). Zwar erscheine die Welt auch ihm kontingent; überhaupt nicht kontingent aber sei, „dass *er* den Willen hat, sie zu verändern." (WM, S. 79) Das Gewollte ist Anders zufolge das Nicht-Kontingente schlechthin. An dieser Schwelle, also streng genommen noch *vor* jeder konkreten Tat, endet die Kompetenz der philosophischen Anthropologie, die Anders auf den letzten Seiten der „Pathologie" im Angesicht der politischen Verhältnisse sogar als „eine verdorbene, die Probleme verstellende Form" betrachtet (WM, S. 81). Denn wahre Freiheit ist für ihn keine Sache anthropologischer Postulate; sie erwächst aus dem Lebensvollzug. Nur durch die Tat ‚definiere' sich der Mensch in jedem Moment seiner Existenz *faktisch* selbst.

Menschen ohne Welt

Die „Pathologie der Freiheit" beschließt Anders' frühe anthropologische Phase. Ihr Befund lautet, dass die generelle Bestimmbarkeit des Menschen nur „bis zur spezifischen Unbestimmtheit" reicht; was der Mensch aus ihr mache, sei „wesensmäßig generell nicht mehr zu bestimmen" (WM, S. 36). Da dem Menschen nach Anders qua Weltfremdheit kein „Welt- und Sozialschema" mitgegeben ist, seine ontologische „Mitgift" nur in *„‚Gesellschaftlichkeit überhaupt'"* besteht, hat die konkrete historische Praxis stets das letzte Wort (AM 1, S. 346). Im Gegensatz zu Scheler meint Anders also nicht, dass der Mensch *„das X [ist], daß sich in unbegrenztem Maße ‚weltoffen' verhalten kann."*[30] Und zwar nicht nur deshalb, weil die Weltoffenheit der Menschen ‚gebrochen' ist, wie Plessner schreibt, und es daher „ein völliger Mißgriff" wäre zu glauben, „daß der Mensch ein radikal weltoffenes Wesen ist." Gewiß lässt der Mensch „seine tierische Natur nie völlig hinter sich."[31] Eingeschränkt, ja oft gänzlich suspendiert, wird die Weltoffenheit – wie Anders im Exil als unfreiwilliger Emigrant und Aushilfsarbeiter auch am eigenen Leib erfährt[32] –, mindestens ebenso durch soziale Faktoren, kurz: gesellschaftliche Unfreiheit. Menschen existieren nicht nur ausschließlich im Plural, sie befinden sich zudem stets in Gesellschaft, wie Anders in seinen Tagebüchern notiert. „Und selbst das Wort Gesellschaft ist noch nicht die volle Wahrheit. Denn Gesellschaft hat noch stets Herrschaft impliziert, und Herrschaft besteht stets aus Herrschenden und Beherrschten" (TG, S. 207). So nimmt Anders nach seiner Rückkehr nach Europa diesen und andere soziokulturelle Aspekte der Weltfremdheit unter dem Rubrum „Weltlosigkeit" in den Blick. Nicht negative Anthropologie, sondern die Negationen des Zur-Welt-Kommens und des Überhaupt-in-einer-Welt-Seins (im Sinne von: sich eine Welt bilden, über eine Welt verfügen) stehen nun im Fokus.

„Mensch ohne Welt", so der Titel einer Aufsatzsammlung, meint bei Anders zunächst *„also eine Klassentatsache"* (MW, S. XII), den Umstand, dass die meisten Menschen nur *„im Konjunktiv"* frei sind. *„Sie könnten nur; aber sie können nicht."* (TG, S. 207) Vor diesem Hintergrund erweist sich dann auch die anthropologische Behauptung, der Weltfremdling Mensch schneidere sich *a posteriori* eine Welt (wie einen Maßanzug) zurecht, als ebenso kühn wie wirklichkeitsblind. In ihrem ureigenen Element – so wie Fische im Wasser – bewegen sich, wenn überhaupt, wohl nur die wenigsten Menschen. Der große Rest lebt in einer mehr oder weniger „‚falschen' Welt", so Anders, eingerichtet mit Dingen, „die zur Welt der Anderen gehören", das heißt, er habe nur psychologisch eine Welt, nicht aber „im Verfügungssinne". Obwohl in gewisser Weise auch der Beherrschte *in* der Welt sei, insofern diese das Schema oder den Rahmen bilde, „innerhalb dessen alle möglichen Dinge und Erfahrungen, Entschlüsse und Erwartungen ihre Plätze einnehmen und ihre Richtung annehmen", stehe er dennoch „schief im Schema" (TG, S. 209 f.).[33] Seine Perspektive ist Anders zufolge schlimmstenfalls so verschoben, dass die von anderen gemachte Welt ihm als bloße Ansammlung toter Dinge erscheint, in der er selbst nicht viel mehr als ein weiteres Ding ist. Doch ist als ‚Klassentatsache' verstandene Weltlosigkeit weder die einzige noch die originellste Facette des Begriffs. Bedenkt man, wie eng Anders den Terminus im Vorwort zu *Mensch ohne Welt* an die „Weltfremdheit" heranrückt, sollte man ‚Weltlosigkeit' in erster Linie als Dachbegriff, ja Synonym, für diverse Formen der *Erfahrungsarmut* beziehungsweise der ‚Entlastung' verstehen (beides geht nicht ineinander auf, hängt aber eng miteinander zusammen). Denn wenn Menschen anthropologisch gesehen immer nur nachträglich, durch Erfahrung, zur Welt kommen, dann gerät, was individuelle Erfahrungsmöglichkeiten einschränkt, verhindert oder vernichtet (und sei es, indem jene einem in bester Absicht ‚abgenommen' werden), automatisch unter Entfremdungs- respektive Entweltlichungsverdacht.

Anders' Erfahrungsbegriff ist ähnlich unbestimmt wie das menschliche ‚Wesen' in der negativen Anthropologie; er verdiente eine eigene Abhandlung. An dieser Stelle nur so viel: Wenn Anders im emphatischen Sinn von ‚Erfahrungen' spricht, dann sind *selbst gemachte* Erfahrungen gemeint; Erfahrungen, die an Widerständen hängen – den kontingenten, von außen kommenden Widerfahrnissen wie den selbst gewählten. „Richtig sind immer nur die falschen Berufe: sie machen erfahren", so Anders in den *Philosophischen Stenogrammen* (S. 18). Der Verlust dieser (ketzerisch könnte man sagen: *eigentlichen*) Erfahrungen hat für den Philosophen, wenig verwunderlich, etwas mit der „*Antiquiertheit des Staunens*" zu tun (BP 2, S. 49), aber – wie er selbstkritisch reflektiert – auch etwas mit der „enthusiastischen ‚Weltanschauung'" seiner von Naturromantik, Sommerfrische und Wandertrieb geprägten Jugendtage (BP 1, S. 23). Das heißt: Auch der Erfahrungsbegriff ist historisch kontingent, nicht aber die Erfahrungs*bedürftigkeit* des Menschen. Ohne seine *grundlegende* Weltfremdheit, ohne den Abstand zwischen Mensch und Welt, den es immer wieder aufs Neue und für jeden Menschen individuell zu überwinden gilt, gäbe es keine Überraschungen mehr und kaum so etwas wie Individualität.[34] Wo der ontologische Abstand annulliert wird, geraten notorische Weltfremdlinge in essentielle Schwierigkeiten. An erster Stelle denkt Anders hier an die moderne Technik, für ihn das neue „Subjekt der Geschichte" (AM 2, S. 9). So sei der „Generalnenner" der Gegenwart, also das Gemeinsame diversester Phänomene („vom Fernsehbild bis zum Vernichtungslager") „die Tatsache, daß uns, und zwar durch die (unserer Arbeit, unserer Muße und unserem Konsum gemeinsame) technische Betriebsform, das Meiste und das Wichtigste *genommen* ist." (AD, S. 187)

Auch wenn diese und andere Passagen zweifelsohne an klassische entfremdungstheoretische Überlegungen anschließen, und Anders viel von Verdinglichung (wenn auch neuer Qualität) spricht, so hat sein Entfremdungsbegriff doch eine andere Stoßrichtung; er ist zudem umfassender. Besonders deutlich wird dies in seiner Fernsehkritik, aber auch in der Analyse der Anstrengungslosigkeit technifizierter Arbeit (AM 1, S. 115–237; AM 2, S. 29): Nicht das Fremdwerden der Welt, sondern ihre zu große Nähe, ihre konsumistische Zurichtung beziehungsweise „Verbiederung" (AM 1, S. 135)[35] ist für Anders die gegenwärtige Katastrophe des menschlichen Wesens, die als solche überhaupt nur unter der Prämisse der frühen negativen Anthropologie adressiert werden kann.[36] In dieser Hinsicht ist Anders Plessners „Homo absconditus" näher als dem Marx'-schen Gattungswesen.[37] In Absetzung von der marxistischen Tradition, deren Blindheit für die Eigendynamik der Technik er kritisiert, und ihrem Begriff von ‚Verdinglichung' prägt Anders den Begriff der

„Liquidierung". In ihm bündeln sich unterschiedliche Facetten: die Überflüssigmachung des arbeitenden Menschen durch Rationalisierung (sprich Technik) ebenso wie seine unbezahlte ‚Anstellung' als Warenströme ‚liquidierender' Konsument, das Verflüssigen von Produkten – man denke heute beispielsweise an ‚Streaming-Portale' oder allgemein an die Explosion des Dienstleistungssektors im digitalen Kapitalismus – ebenso wie die Vernichtung von Mensch und Welt durch „Liquidierungswaffen" (AM 2, S. 29, 52, 56, 61 f., 182 f., 282 f.). Der gemeinsame Nenner aller dieser Phänomene ist ein fundamentaler, quasi-anthropologischer Platzwechsel. Aus der Perspektive der negativen Anthropologie kommt es in der technifizierten Moderne zu einer „Verkehrung der dispositiven (An-)Ordnung von Mensch und Ding", so Christian Filk.[38] ‚Weltoffen', ‚wandlungsfähig' und ‚dynamisch' – das sind nach Anders nun die Attribute unserer technologischen Artefakte (AD, S. 195, Fußn. 12). Einst bloße Mittel, treten sie den Menschen nun als „Ding-gewordene Maximen und geronnene Handlungs-Modi" gegenüber, Anders spricht – lange vor dem Aufkommen relationistischer Sozialontologien wie der Akteur-Netzwerk-Theorie – gar von „Pseudo-Personen" mit „eigenen starren Grundsätze[n]" (AM 1, S. 331; AD, S. 103). Sie versammeln nicht nur (wie bei Heidegger); sie sind Co-Akteure mit enormem Handlungspotenzial und weltumspannenden Herrschaftsansprüchen zulasten ihrer Schöpfer, die im „Weltzustand Technik" nur noch die zweite Geige spielen. „Kurz: *die Subjekte von Freiheit und Unfreiheit sind ausgetauscht. Frei sind die Dinge: unfrei ist der Mensch.*" (AM 1, S. 48) Schuld an dieser historischen, nach Anders irreversiblen Verkehrung ist – anthropologische Ironie der Geschichte – ein Wesensmerkmal des Menschen, das aus dessen Weltfremdheit respektive utopischer Potenz folgt: Sein Herstellungsvermögen übersteigt die Fassungsvolumina aller anderen menschlichen Vermögen Anders zufolge radikal, die künstlichen Welten, in denen er sich eingerichtet hat, sind ihm längst über den Kopf gewachsen („prometheisches Gefälle") (AM 1, S. 29, 296 ff.). Nun sind es die „Geräte" beziehungsweise „Apparate" (Anders' Sammelbegriffe für das Ensemble der technologischen Weltverhältnisse), die ihm ihre Zwecke vorgeben, sein Verhalten prägen, seine Bedürfnisse produzieren und ihn als „Automationsdiener" und „Gerätehüter" beschäftigen (AM 2, S. 105, 313).[39]

Weltlos respektive unfrei, das heißt zum erfahrungslosen Nichtstun verdammt, ist der Mensch nach Anders daher auch in seinen modernen, durchrationalisierten Arbeitswelten, in denen echte menschliche Tätigkeit vis-à-vis immer kompetenterer Maschinen zu bloßem „Mit-Funktionieren" herabsinkt, der Arbeiter zum Rädchen im Getriebe des Betriebs wird (AM 1, S. 317).[40] Im Stil zeittypischer Kritik an der modernen Massengesellschaft sieht Anders diese neue Tätigkeitsform, „das ‚aktiv-passiv-neutrale' Mit-Tun", auch in der Freizeit und im Konsum verwirklicht (AM 1, S. 320).[41] Wie Wladimir und Estragon in Becketts *Warten auf Godot* – für Anders eine Parabel auf die Weltlosigkeit des modernen Menschen – seien Millionen heute ohne Sinn und Zweck damit beschäftigt, sich selbst zu beschäftigen: „Der jämmerliche Kampf", den Becketts Protagonisten „um Scheintätigkeiten führen, ist wohl nur deshalb so eindrucksvoll, weil er unser, also das Schicksal des Massenmenschen, abspiegelt." (AM 1, S. 252) Ein analoges, ähnlich düsteres Bild zeichnet Anders von der durch Massenmedien beziehungsweise Ablenkung, Unterhaltung und Hobbys geprägten Freizeit. Noch einmal potenziert wird die moderne Form der Weltlosigkeit in Anders' Augen im Schicksal der Arbeitslosen (man darf ergänzen: auch der erzwungenen Migration), der beinahe völligen Abstraktion noch aus den letzten verfügbaren Sozialbezügen. Wie Becketts Landstreicher Wladimir und Estragon sind die Arbeitslosen für Anders keine gesellschaftlichen Rand-, sondern „Schlüsselfiguren unserer Epoche" (MW, S. XIV), Menetekel ihrer noch ‚beschäftigten' Zeitgenossen, die Avantgarde der Antiquiertheit. In diesem Zusammenhang ist auch die für Anders paradigmatische Figur des Franz Biberkopf, der „verwüstete Mensch" aus Döblins *Berlin Alexanderplatz*, zu sehen: Er ist so ‚da' wie Heideggers Stein. Man kann ihn überall hinwerfen, ohne dass er je über eine ‚Welt' verfügt (MW, S. 1–30).[42] Biberkopf ist damit in gewissem Sinne gar kein Mensch mehr, weil er ‚nur noch' Mensch ist – oder, in den Worten Zygmunt Baumans: ein „verworfenes Leben".[43]

Die „Hauptbedeutung" der Weltlosigkeit liegt bei Anders allerdings in dem, was er als „*kulturellen Pluralismus*" geißelt (MW, S. XIVf.). Damit ist ein gesellschaftlicher Zustand gemeint, in dem alle Menschen den unterschiedlichsten ‚Göttern' zugleich huldigen, der (Kultur-)Konsum einem „*orale[n] Polytheismus*" gleichkommt, „in dem sich alle konkurrierenden Götterwaren und Warengötter gleichberechtigt anbieten." (MW, S. XVIII) Im Unterschied zum „simplen Pluralismus", in dem diverse ‚Götter' (unvermittelt) *nebeneinander* existierten und sich (bestenfalls) duldeten, zeichnet sich die von Anders als „interiorisierter Pluralismus" charakterisierte aktuelle Variante dadurch aus, dass sie „die ‚Götter' der Anderen nicht nur duldet, sondern diese, mehr oder minder verbindlich, *mit-anerkennt*, sogar *mit-verehrt*; das mindestens *kann* oder *darf* oder gar *will* oder, aus kommerziellen Gründen, sogar *soll*." (MW, S. XVII) Auf die Gegenwart von 2023 übertragen hieße das: man kauft Bio und fährt SUV, demonstriert gegen Kriegseinsätze und trägt Bomberjacke, setzt sich für Frauenrechte ein und verehrt James Bond, applaudiert Beethovens Neunter und wählt die AfD.

Selbst wenn man die implizite Kohärenz-Zumutung ablehnt, die mit Anders' Kritik des „interiorisierten Pluralismus" einhergeht, so ist damit doch eine Grundtendenz moderner Gesellschaften getroffen: die Vereinheitlichung beziehungsweise Neutralisierung von Welt *sub specie* ihrer Kommodifizierung, „the contemporary tendency to dissolve significant differences in a generalized equivalence of cultural signs and artifacts."[44] Im sirenenhaften Waren- und Zeichengestöber des globalen Kapitalismus nimmt buchstäblich alles Äquivalentform an. In unverkennbarer Nähe zu Anders spricht Jean-Luc Nancy von einer „Äquivalenz der Katastrophen", das heißt der technologische Weltzustand „hängt selbst von einem allgemeinen Vernetzungszusammenhang ab: dem des Geldes."[45] Bezogen auf die frühe Anthropologie der Weltfremdheit bedeutet dies: Die Welt erschließt sich zunehmend nur noch in einem einzigen, technologisch vermittelten

Erfahrungsmodus – Konsum. Ebendieser buchstäblich konforme Weltzugang führt nun Anders zufolge einerseits zur Vereinheitlichung und Vermassung der Person (AM 2, S. 87–100), andererseits mutiert der moderne Kulturkonsument vom Individuum zum „*Divisum*" (AM 1, S. 162), zum pluralistischen Allesfresser (gegenwärtig lukrativ bewirtschaftet von einer wachsenden Achtsamkeits- und Ganzheitlichkeitsindustrie). Die Anders'sche Subjektivierungsdiagnose lautet also nicht ausschließlich Standardisierung, sondern zugleich Zerstreuung, „*Schizotopie*" (AM 2, S. 94). Ein Beispiel dafür ist bei Anders der Säugling, der zugleich in seiner Wiege und, von der Radioübertragung akustisch eingehüllt, im Baseballstadion liegt – aus der Perspektive der negativen Anthropologie: simultan eingebettet in zwei völlig verschiedene Welten, gleichermaßen ‚hier' und ‚dort'. „Weiter", so Anders' pointiertes Fazit, „kann offenbar die Zerstörung des Menschen nicht gehen; inhumaner kann offenbar der Mensch nicht werden." (AM 1, S. 162)[46] Die kulturelle, auf die Subjektkonstitution durchschlagende Misere kapitalistischer Produktion/Konsumtion hat bei Anders überdies eine Pointe, die nicht zwingend aus dem prometheischen Gefälle folgt, sondern Index eines falschen Umgangs damit ist und in dieser Hinsicht auf den Nihilisten aus der „Pathologie der Freiheit" zurückweist. Wie der Nihilist die narzisstische Kränkung des Kontingenzschocks durch Selbstvergrößerung abzuwehren versucht, lassen sich Überproduktion und Konsumismus mit Anders psychologisch als – freilich ebenfalls zum Scheitern verurteilte – Bewältigungsstrategien der Gefällerelation verstehen: „Je größer das Elend des produzierenden Menschen wird, je weniger er seinen Machwerken gewachsen ist, um so pausenloser, um so unermüdlicher, um so gieriger, um so panischer vermehrt er das Beamtenvolk seiner Geräte, seiner Untergeräte und Unteruntergeräte" (AM 1, S. 50). Wie der Nihilist verstrickt sich der panische Produzent/Konsument (neuerdings: Prosumer) mit jedem Schritt nur noch mehr in die Ausweglosigkeit seiner hybriden Kontrollphantasien. Aus ökologischer Warte und im Anschluss an Michel Serres' pollutionstheoretische Herleitung des Eigentums aus der exkrementellen Markierung heißt das, dass die Gefälleabwehr des modernen Produzenten/Konsumenten die Welt zunehmend unbewohnbarer macht, indem sie sie mit den (in Serre'scher Terminologie sowohl ‚harten' als auch ‚weichen') Zeichen seiner ausweglosen Bemächtigungs- beziehungsweise Bewältigungsstrategie zupflastert. Am Ende der panischen Produktion würde der gesamte Planet „vollständig eingenommen sein von Abfällen und Werbetafeln", begraben unter Zeichenmüll und toten Dingen.[47]

Welt ohne Menschen

Auch wenn Günther Anders sich in seinen letzten Lebensjahren für ökologische Fragen sensibel zeigte (NZ), war seine Hauptsorge lange Zeit doch eine andere. Als ultimativer Ausdruck des Gefälles und vollendetes Produkt des Nihilismus – die finale Negation – erweist sich für ihn die Atombombe. Mit ihr verschiebt sich der Fokus ein letztes Mal: vom weltlosen Menschen zur Schreckensvision der menschenleeren Welt.

Dass der Mensch als unbeständiges, fragliches Leben adressiert werden kann, ist eine alte anthropologische Einsicht.[48] Vergleichsweise neu hingegen ist, dass „kraft seiner eigenen Errungenschaften nicht bloß die Zukunft seiner selbst als einer Form des Lebendigen, sondern die Zukunft allen Lebens auf dem von ihm beherrschten Planeten in Frage steht."[49] Die Stunde Null dieser historischen Möglichkeit wird von Anders auf den 6. August 1945 datiert. Seitdem existiere die Menschheit „*unter dem Zeichen der Bombe*" (AM 1, S. 261), in der letzten pseudo-historischen Epoche der „Frist". In ihr schweben Anders zufolge nicht nur Menschen (und andere Lebewesen) in Gefahr. Bedroht ist auch die Geschichte als solche, da das nukleare Inferno aus der Welt einen „Friedhof ohne Hinterbliebene" machen, also mit den Menschen auch ihr kollektives Gedächtnis auslöschen würde (AD, S. 174). Und selbst wenn das Ende aller Zeiten sich noch aufschieben ließe, in der „Endzeit", die jederzeit enden kann, leben wir nach Anders unwiderruflich, da auch vollständige Abrüstung die *Idee* der Bombe – und mit ihr die Möglichkeit totaler Selbstvernichtung – nicht aus der Welt schaffen könnte (AM 2, S. 40 f.). Für die Anthropologie bedeutet das: Ausgerechnet im Moment seiner drohenden Vernichtung kehrt der ‚Mensch' kraftvoll auf die philosophische Bühne zurück.[50] Der anthropologische Kollektivsingular hat nun erstmals tatsächlich eine reale Adresse – aber wieder nur *ex negativo*: „*Nicht auf Grund einer gemeinsamen natürlichen Herkunft* sind wir nun *eine* Menschheit, sondern *auf Grund einer gemeinsamen,* in Zukunftslosigkeit bestehenden *Zukunft, auf Grund des uns gemeinsam bevor-*

stehenden unnatürlichen Endes." (K, S. 146) Gestiftet wird die neue Einheit nicht durch ein universalistisches Menschenbild, eine Weltkultur oder eine gemeinsame Lebensform, sondern die schiere Überlebensfrage, „*ob* die Menschheit weiterbestehen werde oder nicht." (AM 1, S. 264)[51] Zum anderen hat die Bombe nach Anders einen anthropologischen Sekundäreffekt. Mit ihr verschaffen sich die Menschen eine „völlig veränderte Stellung im Kosmos" und zu sich selbst; sie werden zu „*Wesen einer neues Spezies*": zu „*Herren der Apokalypse*" (AM 1, S. 266) – paradoxe Titanen freilich, die sich durch ihre nukleare Omnipotenz hoffnungslos selbst verzwergen. In der Bombe manifestiert sich höchste Potenz und größte Ohnmacht gleichermaßen. Düsterer kann man die Stellung des Menschen in der Moderne kaum zeichnen.

Die Bombe selbst ist nach Anders „ontologisch ein Unikum" mit „anarchische[m] Charakter", also praktisch (die Anthropologie der Weltfremdheit lässt grüßen) ebenfalls unbestimmbar – ein im Wortsinn monströses Artefakt, sofern man darunter wie früher alle Wesen verstehe, „die, obwohl sie kein Wesen hatten, doch da-waren und, der Frage, was sie seien, ins Gesicht lachend, ihr Unwesen trieben." (AM 1, S. 282) Dabei ist die Bombe Anders zufolge nicht einfach nur ‚da' wie der unbestimmte Gott der negativen Theologie; sie werde vielmehr „*ständig* eingesetzt" – zum einen als Druckmittel, zum anderen in Tests, die freilich gar keine Tests mehr seien, weil „im Moment des Experiments das ‚Laboratorium' ko-extensiv mit dem Globus wird." (AM 1, S. 284, 288) Die Residuen aller je ‚getesteten' Atombomben – bis heute insgesamt über 2000

Stück, was im Zeitraum bis 1998 einer Zündung alle anderthalb Wochen entspricht[52] – sind über den gesamten Erdball und seine Atmosphäre verteilt: „Schon jetzt", schreibt Anders zehn Jahre nach Hiroshima, „sind ja Luft, Meer, Regenwasser, Erde, Pflanzenwelt, Tierwelt, Menschenwelt und Nahrungsmittel affiziert und infiziert" (AM 1, S. 288). Für die ehemaligen Bewohner der ‚Test'-Areale, etwa die Aborigines von Emu Field in Australien, bedeutet dies jedoch nicht nur die Verwüstung ihres Lebensraums, sondern meist auch den Untergang ihrer Welt. Selbst wenn es nie zum atomaren Weltenbrand und damit zur „Welt ohne Mensch" kommen mag – allein die entweltlichenden (sozialen, kulturellen) Negativeffekte aller je gezündeten Bomben sind schon jetzt dramatisch.[53]

Negation der Negation: Im Zweifel für den Menschen

In Oskar Panizzas *Menschenfabrik* echauffiert sich der Erzähler während seines Rundgangs darüber, der Direktor nähme dem Menschen durch seine Kunstprodukte „seinen köstlichsten Besitz, das Denken und die Empfindungen". Diese gehörten, ebenso wie die von Herbart und Lotze definitiv bestimmten „Gesetze der Psychologie" nun einmal unzweifelhaft zur menschlichen Grundausstattung. Der im Geist der dritten Feuerbachthese formulierter Konter des Direktors aber macht ihn nachdenklich: Für eine veränderte Produktion seien schließlich auch veränderte Produktionsbedingungen maßgebend.[54] Das neue Menschengeschlecht des Direktors kommt eben nach anderen – menschengemachten – Vorstellungen und Gesetzen zur Welt. Für die negative Anthropologie folgt daraus eine unbequeme Frage: Nach welchen Kriterien wollte man einen gentechnisch ‚optimierten', sprich künstlich hergestellten Menschen verteufeln, wenn Künstlichkeit die ‚Natur' des Menschen ist? Und wie kann Anders das Ende des ‚Menschen' beklagen, wenn es diesen doch im Grunde gar nicht gibt?[55]

Dass man einen menschlichen Maßstab benötigt, um den Verlust des Menschen, dessen Antiquiertheit, zu beklagen, war auch Anders klar. „Es versteht sich", schreibt er im zweiten Band seines Hauptwerks, „daß zur ‚Antiquiertheit des Menschen' eine Theorie der Antiquiertheit der ‚philosophischen Anthropologie' gehört; daß der Klage über das ‚Ende des Menschen' eine bestimmte Vorstellung vom Menschen zugrundeliegen muß." (AM 2, S. 143) Doch verträgt sich dieses Erfordernis eben schlecht mit der von Anders nie verworfenen negativen Anthropologie seiner frühen Jahre, deren Hauptaussage gerade die strukturelle Unbestimmtheit und das heißt Bestimmungsoffenheit des Menschen ist. Wie löst Anders diesen Widerspruch zwischen Weltfremdheitsanthropologie einerseits und Antiquiertheitsdiagnose andererseits auf? Handelt es sich überhaupt um einen solchen? Nein, denn nimmt man Anders wiederkehrende Bekräftigung seiner frühen Thesen ernst, sollte man das Spätwerk nicht als Rückfall in vermeintlich gute alte anthropologische Zeiten begreifen, in denen man noch positiv zu wissen glaubte, wer oder was der ‚Mensch' *eigentlich* sei oder zu sein habe. Vielmehr ist die *Antiquiertheit des Menschen* ein über Jahrzehnte hinweg konsequent verfolgtes Theorieprojekt, das dem drohenden Verlust der ontologischen Weltfremdheit des Menschen, schließlich der Bedrohung seines schieren Daseins, entgegenarbeitet. Nur in dieser Hinsicht qualifiziert Anders sein Spätwerk selbst als ‚ontologisch konservativ' (GA, S. 46). Zu bewahren gilt ihm nicht dieses oder jenes spezifische Merkmal, nicht ein bestimmter ‚Mensch', sondern dessen generelle Bestimmungsoffenheit (und die leibliche Basis, auf der sie sich entfaltet). Insofern es bei Anders zahlreiche, oft auch implizite Hinweise darauf gibt, was menschliches Leben auszeichnet und was für ‚gutes' menschliches Leben unverzichtbar ist, wäre diese starke These freilich abzuschwächen. Entscheidend ist aus meiner Sicht jedoch, dass Menschenbestimmung für Anders *grundsätzlich* als offenes Verfahren zu begreifen ist, sodass endgültige Bestimmungen unmöglich sind. Für die Ethik würde letztlich daraus folgen, „dass Orientierung am Menschen *behutsam* und *kontextsensitiv* verfahren muss."[56] Mit anderen Worten: Festzuhalten ist allein das Negative, das die negative Anthropologie positiv besetzt.

Um nun ermessen zu können, wieviel Spielraum diesem Negativum *konkret* bleibt, ist die anthropologische Blickrichtung zu ändern: weg von der alten Kontrastfolie Tier/Mensch, hin zur Mensch-Technik-Relation, die laut Anders heute durch eine bedrohliche Asymmetrie gekennzeichnet ist. Die negative Anthropologie der Weltfremdheit wäre dann in Richtung einer korrespondierenden Technik- beziehungsweise Kulturphilosophie fortzuschreiben und auszuformulieren.[57] Nicht aufzugeben ist die philosophische Anthropologie als solche – ganz im Gegenteil. Gerade weil Anders die Wesensfrage in eine technikökologische Frage überführt, der Mensch als solcher immer nur technik- beziehungsweise medienanthropologisch, im Ensemble seiner selbstgesetzten und sich verselbständigenden technologischen Bedingungen verstanden werden kann, wird Anthropologie als Menschenkunde „im Zeitalter der Technokratie" zu einem unabschließbaren Projekt. Insofern bedeutet negative Anthropologie nicht nur, dass es keine positive Wesensbestimmung des ‚Menschen' gibt; auch die anthropologische Theoriebildung lässt sich nur dynamisch – mit Bezug auf die technologische Entwicklung – denken. Hatte sie zu Beginn des 20. Jahrhunderts bei Plessner das aktuelle naturwissenschaftliche Wissen über den Menschen und seine Umwelt integriert, und hatte Anders ihren Ansatz technikphilosophisch ausgebaut, so muss sie heute die Durchbrüche und Effekte der Informatik, der sogenannten Digitalisierung und der Künstlichen Intelligenz berücksichtigen.

Das Problem dieser negativ-anthropologischen Denkweise ist identisch mit ihrer Stärke; sie kann den Menschen immer nur relational begreifen und damit als Wesen im permanenten Übergang. Jeder Schnitt durch das Ensemble läuft Gefahr, mit der Relation auch den Menschen zu verlieren, das heißt qua Bestimmung zu reduzieren.[58] Eben dies aber würde einer transhumanistischen Beliebigkeit Vorschub leisten, die auf Gewinnmeldungen fixiert ist und jede Form der Verlustrechnung als kulturkritischen Pessimismus oder rückwärtsgewandte Wesensmetaphysik abtut. Die Kritik der Antiquiertheit ist daher keine absolute, wie Rüdiger Zill bemerkt: „denn wenn es keine Norm gibt, worin bestünde dann die Abweichung? Die Erfahrung des Verlusts lässt sich offensichtlich nur immanent aufzeigen."[59] Für die Ethik heißt das: Wo kein letzter Bestimmungsgrund, da auch kein fester moralischer Boden, was selbst für die allerletzten Fragen gilt. Die „*moralische Erforderlichkeit von Mensch und Welt*" ist Anders zufolge „*selbst moralisch nicht mehr begründbar.*" (AM 1, S. 361) Aus der negativen Anthropologie und der Negation von Mensch und Welt in der Moderne folgt bei ihm dennoch kein praktischer Nihilismus. Wo weder Moralismus noch das Prinzip Hoffnung weiterführen, hilft nur noch das „Prinzip Trotz": „Unsere Aufgabe ist nun [...] trotz unseres Wissens, daß letzte Sanktionierungen moralischer Postulate niemals aufgefunden werden können, doch moralistisch, und das heißt heute: non-konformistisch, zu bleiben." (BR, S. 30; PS, S. 50 f.) Dieser offen inkonsequente Standpunkt hält schließlich auch wieder eine Lizenz zur positiven Anthropologie bereit – denn ohne ‚Schnitte' durchs Ensemble geht es eben auch nicht. Immanente Kritik bedeutet neben der Absage an metaphysische Wesensgründe immer auch, den jeweils aktuellen Stand der anthropo-technologischen Dinge zu bestimmen. Das heißt: Aus der prinzipiellen Unbestimmtheit folgt die Bestimmungsbedürftigkeit, aus der relativen Festlegung beziehungsweise ihrer Analyse die Notwendigkeit der (imanenten) Kritik. Und die muss, auch wenn die Anthropologie der Technokratie bei Anders wenig Anlass zur Hoffnung gibt, keinesfalls zwingend negativ ausfallen. Anders' Studie zum Fernsehen ist dafür ein gutes Beispiel: Hatte er das TV-Gerät im ersten Band der *Antiquiertheit* noch als Erfahrungsverhinderungsgerät denunziert, das den Menschen entweltlicht, indem es ihm die Welt allzu bequem ins Haus liefert – und das auch nur scheinbar, in Gestalt portionierter Weltstücke beziehungsweise „Phantome" (AM 1, S. 129) –, so spricht er ihm für die Anti-Vietnamkriegs-Bewegung eine aufklärerische und vitalisierende Funktion zu. So hätte diese „ohne die tägliche Offerierung der Kriegsereignisse durch das Fernsehen niemals die politische Stoßkraft gewinnen können, die sie tatsächlich gewonnen hat." Und explizit fügt er hinzu: „Meine damalige Analyse bedarf einer Revision." (AM 2, S. 510, Anm. 21)

Als Exempel für einen positiven Bestimmungsversuch, wie Anders es im Rahmen seiner immanenten Kritik der Antiquiertheit nicht nur einmal formuliert, mag an dieser Stelle seine Definition des Menschen als Animal habens dienen, als ein Wesen, das ‚hat'.[60] Diese Definition umfasst nach Anders „die größte Zahl disparatester Züge unter einem einzigen Dachbegriff", decke Wissen und Erfahrung ebenso ab wie Besitz. Entscheidend aber ist ihre kritische Stoßrichtung. Während es nämlich „[f]ür diejenigen Kreaturen, die nichts haben außer vielleicht sich selbst und ihr ‚habitat'" nachgerade unmöglich sei, nicht das zu sein, was sie sind, sieht Anders die eigentliche Herausforderung für den Menschen genau darin, „das zu sein, was man ‚habend' ist, also das, was man hat, seinem Sein einzubilden". In dieser „‚Einbildungs-Leistung'" besteht Anders zufolge „die jeweilige Bildungsaufgabe", das heißt die Aufgabe, zur Welt zu kommen. Heute, „da wir in Gehabtem ertrinken"; da die Dinge eher uns als wir sie besitzen, sei diese Aufgabe „schwerer denn je" (PS, S. 76 f.). Im ersten Band der *Antiquiertheit des Menschen* empfiehlt Anders diesbezüglich Exerzitien in „moralischer Phantasie" (AM 1, S. 301–306). Gemeint ist der Versuch, das einmal evozierte Gefälle zwischen Herstellenkönnen und Sich-Vorstellenkönnen, was man hergestellt hat, nachträglich zu überbrücken (die ‚Einbildungsaufgabe' unserer Zeit).[61] Diese „*Streckübungen*" setzen nach Anders ein gleichsam (post-)kantianisches Projekt voraus: „Eine *Kritik der Grenzen des Menschen,* also nicht nur der seiner Vernunft, sondern *der Grenzen aller seiner Vermögen* (der seiner Phantasie, seines Fühlens, seines Verantworten usf.), scheint mir heute, da sein Produzieren alle Grenzen gesprengt zu haben scheint, und da diese spezielle Grenzsprengung die noch immer bestehenden Grenzen der anderen Vermögen um so deutlicher sichtbar gemacht hat, geradezu *das Desiderat der Philosophie* geworden zu sein." (AM 1, S. 303, 31) Aus der anthropologischen Aussage wird Gegenwartsanalyse, aus der Situationsbeschreibung folgt immanente Kritik – in diesem Fall in Gestalt eines moralischen Imperativs: „‚Was du nicht werden kannst, das habe auch nicht'." (PS, S. 77)

So kehrt die Frage nach dem Wesen des ‚Menschen' und seiner Bestimmung immer wieder aufs philosophische Tableau zurück.[62] Konsequenterweise sollte man mit Derrida von einer Heimsuchung sprechen und die zuständige Disziplin in *H*anthropologie umbenennen. Auch in diesem Fall gilt: Totgesagte leben länger. Mehr noch, je lauter die Abgesänge auf den ‚Menschen', desto wichtiger die anthropologische Selbstvergewisserung. Vor diesem Hintergrund sind Anders' Ausflüge in die positive Menschenbestimmung zu verstehen. Weit davon entfernt, mit seinen negativen anthropologischen

Basissätzen zu brechen, dienen sie dem Aufschluss der konkreten Lage, in der sich Menschen im Ensemble mit den Dingen – im „Weltzustand Technik" – jeweils gerade befinden, mit dem Ziel, ihre Zurichtung und Verwüstung oder potenzielle Vernichtung anzuprangern. Bei aller Melancholie, die dieses Denken begleitet, scheint zu guter Letzt ein positiver Fluchtpunkt auf, der an den finalen Pragmatismus (oder vielmehr Voluntarismus) der frühen Schriften, den Sprung aus der Anthropologie in den Existentialismus der Tat, erinnert. Das zutiefst prekäre Unterfangen einer über dem Abgrund der Unbestimmtheit balancierenden negativen Menschenkunde der Moderne endet mit der philosophisch nicht weiter begründbaren Einsicht, „daß Wärme wichtiger ist als Sinn; und daß es nicht der Metaphysiker ist, der das letzte Wort behalten darf, sondern nur der Menschenfreund." (AM 1, S. 257)

Anmerkungen

Einleitung

1 Siehe Stern 1924. Für inspirierende Diskussionen zu diesem Text und Fragen der Methode bei Anders danke ich meinen Kolleginnen und Kollegen aus dem Arbeitskreis „Günther Anders und die Medienwissenschaften" am ZeM in Potsdam (https://www.zem-brandenburg.de/projekte/arbeitskreis-guenther-anders/) sehr herzlich.

2 Siehe von Boehm 2012, S. 141. Als Gründer werden auf dem Deckblatt der Zeitschrift der Schriftsteller, Kritiker und Dramaturg Walter Gutkelch, später Beamter im Reichsministerium für die besetzten Ostgebiete, der Theatermacher, Journalist und spätere Radiokommentator beim ersten Nürnberger Kriegsverbrecherprozess (mit Hang zu Hochstapelei und Kleinkriminalität) Jo Lherman sowie Boris Wassermann genannt. Nach insgesamt nur sieben Heften stellte die *Monatszeitschrift für Philosophie, Dichtung und Kritik* (so der Untertitel) ihr Erscheinen wieder ein.

3 Im Interview mit Gero von Boehm (2012, S. 141 f.) stellt er diesen Zusammenhang selbst her. Zur Genese der Gelegenheitsphilosophie siehe auch Beck 2017.

4 Stern 1924, S. 33 f.

5 Ebd., S. 34.

6 Ebd.

7 Ebd., S. 35.

8 Siehe dazu den Text zu Anders' Methode in diesem Band.

9 Siehe Jaspers 1983.

10 Blanchot 2011, S. 131, 133.

11 Ebd., S. 133.

12 Ebd., S. 134 f.

13 Stern 1924, S. 35.

14 von Boehm 2012, S. 142.

15 Stern 1924, S. 35.

16 Ebd., S. 36.

17 Siehe ebd.

18 Siehe dazu auch Stern 1926.

19 Stern 1924, S. 36.

20 Ebd. Im Sommersemester 1921 besuchte Anders ausweislich seines Abgangszeugnisses der Universität Freiburg bei Husserl und Heidegger „Phänomenologische Übungen", ebenso im darauffolgenden Wintersemester, wo er außerdem an Heideggers phänomenologischen Interpretationen zur Aristoteles

teilnahm, in denen Grundgedanken von *Sein und Zeit* aufscheinen (siehe Heidegger 1994).

21 Stern 1924, S. 37.

22 Ebd., S. 36.

23 Ebd.

24 Ebd., S. 34.

25 Ebd., S. 37.

26 Ebd.

27 Siehe Dries 2017.

28 Kluge 2014, S. 84.

29 Dazu Anders selbst: „Kein Wort ist für mich […] unpassender als das Wort ‚Guru', denn der Guru ist überzeugt davon, irgendeine prophetenhafte Gabe zu haben, und er nutzt es aus. Und mir ist also nichts widerlicher, als wenn mir zu Unrecht, der ich nur vernünftig war, die Augen offen gehabt habe, wenn ich als eine religiöse Figur oder als ein Prophet dargestellt werde. Nichts davon ist richtig. Als ich gewarnt habe vor Hiroshima, war Hiroshima bereits acht Jahre vorbei, und es war also ein Rückblick, eine Beurteilung einer Sache, die geschehen war. Ich war kein Prophet." (Brandl 2002, S. 93)

30 Siehe https://www.guenther-anders-gesellschaft.org bzw. https://www.guenther-anders-gesellschaft.org/anders-preis.

31 von Boehm 2012, S. 147.

32 Siehe exemplarisch Babich 2018 und 2022; Bösel 2021; Dries 2018b; Dries/Hägele 2020; Dupuy 2014; Ehgartner/Gould/Hudson 2017; Ellensohn/Putz 2018; Fadabini 2020; Fetz 2019; Grillmayr 2017; Haug 2019; Hentschel 2022; Horvat 2021; Hui 2019; Liessmann 2014; Müller 2016 und 2019; Pollmann 2016; Schmitt 2021; Schwarz 2019 (mehr in der laufend ergänzten Online-Bibliographie der Anders-Gesellschaft unter https://www.guenther-anders-gesellschaft.org/bibliographie).

33 von Boehm 2012, S. 141.

34 Ebd., S. 147.

35 Darunter ein in den 40er Jahren entstandenes Typoskript mit dem Titel „Gelegenheitsphilosophie".

36 Siehe Dries 2022; Müller 2016; Nosthoff/Maschewski 2022.

37 Siehe dazu auch Hentschel (2022, S. 3), die Anders' „apocalyptic awareness" als „project of radical relating" bezeichnet: „the here and there, and the now and then, as well as the single action and the larger system of which it is part. It is an enormous undertaking in imagination."

38 Ellensohn/Putz 2022, S. 393.

39 von Boehm 2012, S. 148.

40 Ellensohn/Putz 2022, S. 390.

41 Stern 1924, S. 34.

Wie man philosophische „Schreckbilder“ malt

1 Siehe Löwith 1988.

2 Bauer 1968a.

3 Bauer 1968b, S. 213.

4 Bauer (*Der christliche Staat und unsere Zeit*, 1841), zitiert nach Saß 1968, S. 230. Zu Bauers „reiner Kritik“ siehe auch ebd., S. 243, 254 f.

5 Marx 1990b, S. 7.

6 Marx/Engels 1990a, S. 94

7 Marx 1990b, S. 5.

8 Siehe dazu unter Rekurs auf Aristoteles McIntyre 2010. Zur Interpretation der Thesen insgesamt und zur Mehrdeutigkeit der 11. Feuerbachthese im Besonderen siehe Liessmann 1984 sowie Gerhardt (Hg.) 1996.

9 Siehe Marx 1990a, S. 516 f.

10 Marx/Engels 1990b, S. 482.

11 Dass Anders' Hauptwerk *Die Antiquiertheit des Menschen* weniger von Heidegger her gelesen werden muss, sondern vor allem als Auseinandersetzung mit Basistheoremen und blinden Flecken des Marxismus, betont zu Recht Dawsey 2019.

12 Zum Ideologiebegriff und seinen beiden konfligierenden Modellen in der *Deutschen Ideologie* siehe Bohlender 2010.

13 Theorie zu treiben ist für Anders ferner, auch das klingt in seiner Replik auf Raddatz' Frage an, keine im engeren Sinn professionelle Tätigkeit, die ihren Geltungsbereich auf ihr eigenes Fachgebiet beschränkt.

14 Siehe dazu auch den Text über Anders und die 68er-Bewegung in diesem Band.

15 Siehe Wolin 2003, der Günther Anders jedoch bezeichnenderweise nicht berücksichtigt.

16 Siehe dazu Kluge 2014; Liessmann 1998.

17 Marx/Engels 1990a, S. 27.

18 Heute müsste man ergänzen, dass gerade das auf optische Attraktion und ‚Nutzerfreundlichkeit' getrimmte Aussehen gewisser elektronischer Geräte wie beispielweise des Smartphones Teil ihrer Selbstverhüllungsstrategie ist.

19 Siehe Aristoteles, *Metaphysik* A 1, 980 a 21–25. Anders besteht demgegenüber schon in seiner ersten, noch unter seinem Geburtsnamen Stern erschienenen Monographie *Über das Haben* von 1928 auf der Bedeutung des Leibes als Voraussetzung aller Erfahrung und wirbt in seinen späteren Schriften, der Gesellschaft gegenüber gleichsam die Rolle eines Psychotherapeuten einnehmend, für die erkenntnisleitende Kraft emotionaler Vermögen.

20 Siehe Schneede 2006, S. 13.

21 Ursprung 2013, S. 19.

22 Leicht lässt sich im obigen Zitat herauslesen, wer in Anders' Augen wohl der den akademischen Malern verwandte Alm-Akademiker ist, von dessen Schwarzwald-Perspektive sich sein ehemaliger Student auch mit Hilfe der Avantgarde-Kunst eines George Grosz oder John Heartfield absetzen will. In einem fünf Jahre später veröffentlichten Vorwort zu Grosz' Bildband *Ecce Homo* polemisiert Anders schließlich offen gegen Heidegger (MW, S. 243 f.).

23 Putz 2022, S. 141. Zur Inversionstechnik siehe auch Anders' Essay über Becketts *Warten auf Godot* im ersten Band der *Antiquiertheit* (S. 239–257).

24 Putz 2022, S. 147.

25 Schneede 2020, S. 82.

26 Putz 2022, S. 158.

27 Zit. nach Schneede 2020, S. 12.

28 Siehe Putz 2020, Absatz 4.

29 Zur Darstellung jeder Methode gehört auch ihre Kritik. Da dies jedoch den Rahmen des vorliegenden Aufsatzes sprengen würde, hier nur so viel: Wenn die ‚Methode Anders' wesentlich von der Avantgarde-Kunst ihrer Zeit profitiert hat und wenn man ferner den emphatischen Anspruch auf *Aktualität* ernst nimmt, den Anders schon 1924 in seinem gleichnamigen Aufsatz aus der Zeitschrift *Das Dreieck* für sein Denken proklamiert (siehe die Einleitung zu diesem Band), dann müsste man heute unter anderem in der Gegenwartskunst nach neuen Impulsen für den gelegenheitsphilosophischen Ansatz Ausschau halten. Anders selbst hilft dabei jedoch nicht weiter. So heißt es etwa in einem kurzen Text über „non-objective art" von 1966, der ungegenständliche Künstler könne (anders als Heartfield oder Grosz) nicht „wirklich oppositionell oder revolutionär sein" (KF, S. 355). Ähnlich kritisch äußert Anders sich über die II. documenta '59, die für ihn zwar einige kunstpolitische Meriten vorzuweisen hat, vor allem aber „den eminenten Warencharakter der Kunst unserer Zeit" ausstelle (KF, 345): „Diese Kunst ‚schockiert' und ‚provoziert' längst nicht mehr – das sind Sprüche –, sondern sie hat sich brav im bürgerlichen Alltag domestiziert; man trägt ihre Zeichen und Muster auf Kleidern, Tapeten und Zierstücken." (KF, S. 347) Offenbar traut Anders der Gegenwartskunst überhaupt nicht mehr zu, was er in den Werken der von ihm gefeierten Zeitgenossen fand: eine methodische Inspirationsquelle für den Gelegenheitsphilosophen zu sein. Noch seine Verhöhnung der politischen Protestform des Happenings (G, S. 24, 96–108) entspringt vermutlich nicht zuletzt dieser ablehnenden Haltung zur Gegenwartskunst. Wollte man Anders'

Gelegenheitsphilosophie auch methodisch aktualisieren, dürfte man sich davon kaum beeindrucken lassen.

30 Übermäßig optimistisch war Anders diesbezüglich freilich nicht: „So wenig wie es uns möglich ist, mit dem abgeschossenen, noch so genau hinzielenden Pfeil den Mond zu treffen, weil der zu weit entfernt ist; so wenig ist es uns möglich, mit Hilfe unserer Wörter, auch der scheinbar ‚treffendsten', unsere Produkte und deren Effekte zu treffen. Weil diese *zu groß* sind." (SE 6, S. 19) Nicht nur apokalypseblind seien wir, unempfänglich für die drohenden Gefahren moderner Technologien, sondern auch apokalypse*stumm* (SE 1).

31 Pörksen 1989.

32 Waren Hiroshima und Auschwitz Produkte okzidentaler Vernunft und ihrer Vergegenständlichung, der Technik, dann bedeutete das für Anders: „[I]n der Vernunft lauern die Fallstricke der Technik noch einmal." (Langenbach 1988, S. 34)

33 Wie oft ist auch hier die Nähe zu Adorno frappant. Auch dieser setze gegen das Idiom der Kulturindustrie eine „unerbittliche Kritik der Sprache" [...], eine „kritische Moralistik, die dem Sprachgebrauch entspringt", ja, er begründe „nichts Geringeres als eine neue Linguistik", so Neumann 2003, S. 63 f.

34 Des Pres 2008, S. 183.

35 Bauman 2002a, S. 102.

36 Aristoteles, *Poetik* 21, 1457 b 6–9; zitiert nach Aristoteles 2008, S. 29.

37 Schmitt 2008, S. 623 f.

38 Aristoteles, *Poetik* 21, 1457 b 16 ff.; zitiert nach Aristoteles 2008, S. 30.

39 Hänseler 2005, S. 129.

40 So Schlechtriemen 2008, S. 81.

41 Lohmann 1996, S. 124 f.

42 Matz 1992, S. 49 f.

43 Dass die Atombombe kein exklusives Movens der Weltgeschichte ist, räumt Anders in seinem letzten Interview mit Konrad Paul Liessmann ein. Auf Liessmanns Einlassung, Anders habe in seinem Werk stets die atomare Drohung in den Mittelpunkt gestellt, derweil wir es heute mit vielfältigen ökologischen Gefährdungen zu tun hätten, antwortet dieser: „Ja, schauen Sie, im Jahre 45 gab es nur eine Gefahr, die als wirkliche Untergangsgefahr klassifiziert werden konnte. Damals gab es noch nicht Aids, damals gab es eine solche Naturzerstörung noch nicht, wie es sie heutzutage gibt, damals gab es noch nicht die Ozonlöcher. Das sind alles Dinge, die später gekommen sind. Ich glaube, dass meine Analysen über die Endzeit [...] ohne weiteres anwendbar sind auch auf

die anderen Gefahren. Dass wir heute viele Methoden haben, um Selbstmord zu begehen, verhindert eigentlich nicht die grundsätzlichen Dinge in meiner Analyse der atomaren Situation. Aber ich gebe zu, wir haben die Auswahl jetzt, ja." (NZ, S. 18)

44 Siehe Walker 2005.

45 Alexijewitsch 2019, S. 204, 220.

46 Ebd., S. 284, 286.

47 Ebd., S. 175.

48 Ebd., S. 239.

49 Rahmstorf 2022, S. 29.

50 Nancy 2013, S. 7, 49, 44.

51 Siehe ausführlich Dries 2012a, dem einige der obigen Passagen zum Thema entstammen.

52 Marx 1988, S. 385.

53 Siehe dazu den Beitrag über Macht, Herrschaft und Gewalt in diesem Band.

Technischer Totalitarismus

1 Manuskript (1992), undatiert, Nachlass Günther Anders, Österreichisches Literaturarchiv (ÖLA), Wien, Signatur 237/04. Für den Hinweis auf die Sentenz, hilfreiche Diskussionen und kritische Anmerkungen danke ich herzlich Gerhard Oberschlick und Ulrich Bröckling.

2 Seine umfangreichen Arbeiten auf beiden Gebieten (MS und WM) wurden erst vor wenigen Jahren aus dem Nachlass erschlossen.

3 Siehe dazu auch den Aufsatz über Anders und die Studentenbewegung in diesem Band.

4 Siehe dazu allgemein den knappen Überblick von Wette 1998 sowie Rupp 1970. Ausführlicher geht Stölken-Fitschen (1995, S. 240–244) auf Anders und insbesondere dessen Briefwechsel mit dem sogenannten Hiroshima-Piloten Claude Eatherly ein.

5 Hinsichtlich der Groß- und Kleinschreibung des Terminus orientiere ich mich an Joachim Fischers (2008) Unterscheidung von philosophischer Anthropologie als Disziplin versus spezifischer „Denkrichtung" ihrer Gründerväter Scheler, Plessner, später Gehlen.

6 Weber 1984, S. 89.

7 Inhetveen 2008, S. 254.

8 Weber 1984, S. 89. Zu Macht und Herrschaft als ambigue und kontroverse Schlüsselbegriffe der Sozialwissenschaften siehe Imbusch 2012.

9 Siehe Weber 1968.

10 Weber 1984, S. 254.

11 Popitz 1992, S. 50.

12 Ebd., S. 31.

13 Siehe ebd., S. 48.

14 Galtung 1975, S. 9. Gewalt, ergänzt Galtung (ebd.), „ist das, was den Abstand zwischen dem Potentiellen und dem Aktuellen vergrößert oder die Verringerung dieses Abstandes erschwert" – allerdings in Abhängigkeit vom jeweiligen historischen und sozialen Kontext. So könne, wer im 18. Jahrhundert an Tuberkulose erkrankte und starb, kaum als Opfer von Gewalt betrachtet werden (siehe ebd.). Heute hingegen wäre jeder Tuberkulosetoter nach Galtung ein Fall für die Gerichtsmedizin.

15 Ich lasse die problematischen Aspekte dieses weiten Gewaltbegriffs im Folgenden außer Acht und konzentriere mich auf die für meine Zwecke wesentlichen Punkte. Zur kritischen Würdigung siehe Schmidt 2001.

16 Siehe Galtung 1975, S. 11.

17 Ebd., S. 12. Strukturelle Gewalt, so Schmidt (2001, S. 516), lässt sich „grob als sozioökonomische Ausbeutung und politische Repressivität dechiffrieren".

18 Galtung 1975, S. 22.

19 Inhetveen 2008, 263.

20 Galtung 1975, S. 11.

21 Ebd., S. 32. Die Unschärfe in Galtungs Begriffsverwendung – einmal ist von Ungerechtigkeit, dann aber von Ungleichheit die Rede (siehe ebd., S. 19) – soll hier ebenso wenig weiterverfolgt werden wie die weitläufige Frage, was soziale Gerechtigkeit bedeutet und wie sie gemessen werden kann.

22 Ebd., S. 25. Eine Gesellschaft besteht laut Galtung aus *Akteuren*, die sich in (verschiedenen) *Systemen* organisieren und miteinander interagieren. Alle diese Systeme einer bestimmten Gruppe von Akteuren bilden eine *Struktur*, in der alle Akteure spezifische Positionen bzw. *Ränge* einnehmen. Ferner seien Strukturen in verschiedene Ebenen eingebettet, eine Gemeinde in einen Bezirk, Bezirke in Regionen etc. Ungleiche Verteilung entstehe innerhalb dieses Zusammenhangs u.a. durch zementierte Rangordnungen, azyklische Interaktionsmuster, Korrelationen zwischen Rang und Stellung, Systemkongruenz (Gleichheit der Interaktionsnetze) und Konkordanz der Ränge: Wer in einem System hochsteht, ist auch an anderer Stelle privilegiert (siehe ebd., S. 20 f.).

23 Marx 1998, S. 169, 329.

24 Schon Marx (1998, S. 329, 508) hatte in *Das Kapital* bemerkt, es sei nicht mehr der Arbeiter, „der die Produktionsmittel

anwendet, sondern es sind die Produktionsmittel, die den Arbeiter anwenden" und diesen damit zu einem „selbstbewußten Zubehör einer Teilmaschine" degradieren.

25 Popitz 1989, S. 17.

26 Bruno Latour gibt in *Cogitamus* für diesen Sachverhalt ein schönes Beispiel: Wer von uns, fragt Latour (2016, S. 56 f.), wäre wie einst der 1991 als gut konservierte Eisleiche entdeckte jung- bzw. kupfersteinzeitliche ‚Ötzi' dazu in der Lage, die Gerätschaften, die wir mit uns führen (Armbanduhr, Smartphone, Computer, aber selbst Schuhe und Kleidung...) selbst herzustellen? Die Technik, die uns „wie eine Art künstliche Blase schützend umschließt" (ebd., S. 57), ist dafür längst viel zu komplex geworden.

27 Siehe Simmel 1996.

28 Schmidt 2000, S. 181.

29 Adorno/Gehlen 1974, S. 237 f. „Die Technik selbst kann Autoritarismus ebenso fördern wie Freiheit, den Mangel so gut wie den Überfluß", konstatiert neutral Marcuse (1979, S. 286) in seinem – ansonsten stark auf Anders vorausweisenden – Aufsatz *Some Social Implications of Modern Technology* von 1941.

30 Bell (1976) zufolge geht das Konzept bis auf Newtons mechanistisches Weltbild zurück, wird als Begriff jedoch erst zu Beginn der 1930er Jahre in den USA populär. Als Vorläufer der Technokratie-These darf Augustin Cournot betrachtet werden, ein französischer Mathematiker des 19. Jahrhunderts, der das Aufkommen der technologischen Zivilisation als allgemeine Entwicklungstendenz vom Vitalen hin zum Rationalen deutete (siehe ebd., S. 250 sowie Anmerkung 4, S. 267). Lenk (1994, S. 24) führt vier Varianten der Technokratiethese auf: Technokratie (1) als Expertenherrschaft, (2) als technologischer Imperativ (gemacht wird, was machbar ist), (3) als Herrschaft der Sachzwänge und (4) als Trend zur Überwachungsgesellschaft bzw. „informationellen Systemtechnokratie". Anders lässt sich vor allem den Positionen 2 bis 4 zuordnen.

31 Brandl 2002, S. 82.

32 Siehe Campanella 2008, S. 8, 12, 48 f. sowie Anmerkung 19, S. 73.

33 Marx 1998, S. 91. „Der systemneutrale und universalistische Begriff der ‚Technik' ist", so argumentiert umgekehrt Clemens (1996, S. 270), „bei Anders daher oft nur das Synonym für die Mächtigen, die Industrie oder klassisch: für den Klassengegner." Dieses Argument übersieht jedoch, wie sehr Anders' Technikkritik gerade auf den blinden Fleck der – technikvergessenen – Kapital- und Klassenanalyse abzielt. Zur Kritik der technischen Verschwörung siehe Lenk 1994, S. 33.

34 „Vergesellschaftung in einem modernen Sinn“ setze den Anschluss an ein Elektrizitätsnetz voraus, so Popitz (1989, S. 34). „Das Dependenz-Gefüge, das so entsteht, ist mit keiner vorelektrizitätstechnischen Form sozialer Dependenz vergleichbar.“ Darüber hinaus geht auch Popitz (ebd., S. 26) von einer „Tendenz zur *Selbsttätigkeit*“ der Maschine aus.

35 Die äußert erfolgreichen Geschäftsmodelle gewisser US-amerikanischer Plattformunternehmen entsprechen exakt diesem Prinzip.

36 Thoreau 2004, S. 49.

37 Gehlen 1957, S. 36, 13. Lenk (1994, S. 17, 23) geht von einem „Trend zu umfassender Systemtechnik und Organisationstechnologie“ aus und wendet sich damit dezidiert gegen jede „*Ein-Faktor-Theorie* der Technik“; bei Anders taucht der Begriff der ‚Superstruktur‘ erstmals in Stern 1934/35 (S. 74) auf – in der Übersetzung durch Emmauel Levinas.

38 „[D]ie künstliche Limitierung ihrer Determinanten; die Tatsache, daß der Gesichtspunkt, unter dem sie ihr Material bearbeitet, von vornherein eingestellt wird und so ein für allemale fixiert bleit“, sei die „idée fixe“ der Maschine, so Anders (AM 1, S. 77). „Denn über die Menschen des technischen Zeitalters hat der Gedanke des optimalen Effekts eine ganz zwingende Gewalt“, heißt es bei Gehlen (1957, S. 37).

39 Althaus 1989, S. 119.

40 Dawsey 2019, S. 45.

41 Ebd., S. 46.

42 Siehe Genzmer 1998, S. 114.

43 Siehe Jaspers 1983.

44 „Höher [als bei Marx; C.D.] kann die Rolle der Produktivkraft des Menschen kaum gewertet werden.“ (Kovács 1984, S. 40) Allerdings hat Marx stets gesehen, dass der Mensch mittels Technik nicht nur seine Umwelt formt, sondern durch Werkzeuggebrauch bzw. im und durch den Produktionsprozess zugleich auch selbst geformt respektive subjektiviert wird (siehe seine Überlegungen zur Dialektik von Produktion und Konsumtion in der Einleitung zu den *Grundrissen*; Marx 1983, S. 19–29). Auch war ihm die Prägekraft von Technologien wohl bewusst (siehe Marx 1998, S. 442, 445). Eindrücklich spricht er von der toten Arbeit (der Maschine), die die lebendige Arbeitskraft „beherrscht und aussaugt.“ (Ebd., S. 446) Doch abgesehen davon, dass die menschliche Subjektposition bei Marx allein schon durch die tragende Rolle der Arbeitswertlehre in der Kritik der politischen Ökonomie zementiert wird, bleibt er, wenn auch nicht uneingeschränkt, Technikoptimist und besteht auf dem Primat der Produktionsverhältnisse. Sie – und nicht Technik oder Technologien als solche – sind in seinen Augen für die Entfaltung oder Behinderung

der Produktivkräfte verantwortlich. „Die von der kapitalistischen Anwendung der Maschinerie untrennbaren Widersprüche und Antagonismen existieren nicht", so Marx (1998, S. 465), „weil sie nicht aus der Maschinerie selbst erwachsen, sondern aus ihrer kapitalistischen Anwendung!" Einen starken Technikdeterminismus bei Marx und seinen Interpreten sieht dagegen Castoriadis (1984, S. 36 f., 113).

45 Die fundamentale Differenz von Person und Sache ist der Angelpunkt des „kritischen Personalismus" von Anders' Vater William Stern (1906; 1918; 1924). Ihm ist der erste Band der *Antiquiertheit* gewidmet – allerdings in kritischer Absicht, war es doch Anders' Anliegen, den „*Königsgedanken unserer Epoche*", nämlich „*daß unsere Produkte uns Menschen onto- und axiologisch überlegen*" sind (AM 2, S. 313), auch gegen den trotz Vertreibung und Exil nahezu ungebrochenen Humanismus des Vaters herauszuarbeiten.

46 Popitz 1992, S. 233.

47 Weber 1988, S. 203.

48 Die Gleichung *habendo adhibere* definiert Anders (AD, S. 182, Fußnote 4) zufolge „in gewissem Sinne" Macht im Unterschied zu Gewalt. Aufschlussreich ist diese terminologische Unterscheidung auch im Hinblick auf die Abgrenzung zu Galtung.

49 Siehe dazu Fuchs 2003 und Liessmann 1998.

50 Siehe dazu grundlegend Singer 2011, S. 256–275.

51 Jungk 1977, S. XVII.

52 DER SPIEGEL, Nr. 30, 21. Juli 1986, S. 26–50; Nr. 31, 28. Juli 1986, S. 56–77; Nr. 32, 4. August 1986, S. 50–73.

53 Das Interview existiert in drei Fassungen: Einmal in *natur. Das Umweltmagazin*, Nr. 12, Dezember 1986, S. 28–34 (Zitat S. 30), leicht verändert wieder abgedruckt in G, S. 21–33 sowie in GA, S. 143–152 (Zitat S. 146).

54 Das sieht man in Teilen der Klimabewegung heute anders: So plädiert beispielsweise Malm (2020, S. 125, 136) für die „Kunst [...] der kontrollierten politischen Gewalt" im Sinne ‚intelligenter Sabotage'. Wo politische Übereinkünfte folgenlos blieben, müsse die Bewegung selbst aktiv werden: „Verkündet und erzwingt selbst das Verbot! Beschädigt und zerstört neue CO_2-emittierende Vorrichtungen! Setzt sie außer Betrieb, zerlegt, demoliert, verbrennt sie, jagt sie in die Luft! Lasst die Kapitalist*innen, die weiterhin ihr Geld ins Feuer werfen, wissen, dass ihr deren Eigentum in Schutt und Asche legen werdet!" (Ebd., S. 77)

55 Auf Apokalypseblindheit hätten sich die von Anders ins Visier Genommenen nicht hinausreden können: „Die Fürsprecher der Atomkraftwerke, vor allem aber der Wiederaufbereitungsinstallationen und der schnellen Brüter sind um nichts besser

als es der Präsident Truman gewesen war, der Hiroshima bebomben ließ. Schlimmer sogar, denn die Heutigen wissen nun viel mehr als der einfältige Präsident hatte wissen können. *Sie wissen, was sie tun.*" (TH, S. 12)

56 Auch Anders' Mitstreiter Jungk (1977, S. 196) rekurriert auf den Notstandsbegriff, allerdings staatstheoretisch: „Atomindustrie – das bedeutet permanenten Notstand unter Berufung auf permanente Bedrohung. Sie ‚erlaubt' scharfe Gesetze zum ‚Schutz der Bürger'. Sie verlangt sogar die Bespitzelung von Atomgegnern und Naturschützern als ‚Präventivmaßnahme'. Sie kann die Mobilisierung Zehntausender Polizisten gegen friedliche Demonstranten ebenso ‚rechtfertigen', wie deren im Umgang mit Verbrechen erlernte Leibesvisitation."

57 Zuerst veröffentlicht 1987 als „Notstand und Notwehr. Das Ende des Pazifismus. Ein imaginäres Interview", in: FORVM, 395/396, S. 24–28.

58 von Boehm 2012, S. 148.

59 Auch in den 1982 veröffentlichten *Ketzereien* findet sich eine entsprechende Überlegung, an der damals jedoch niemand Anstoß nahm: Er bereue nachträglich, Adolf Hitler in den 20er Jahren nicht getötet zu haben, so Anders. Gäbe es nun heute einen Politiker, der „ein dem Hitlerschen entsprechendes Buch schriebe [...] *und der seiner Bereitschaft, den Atomkrieg zu riskieren,* Ausdruck gäbe, nein: diese Bereitschaft *auch nur implizierte*", dann (und nur dann) wäre er dafür, diesen Politiker zu eliminieren (K, S. 337). Im Wiener FORVM (360, 1983, S. 5) erschienen schließlich zwei offene Briefe von Günther Anders an eine „Liebe D.", in denen sich der spätere Gewaltaufruf bereits ankündigt. Das Anti-Atom-Engagement der ostermarschbewegten „lieben D." wird von Anders scharf attackiert: „[S]timmungsvolle Lichtlein spazieren zu führen" und dabei „fromme Weisen zu singen", statt „die Montierung der Waffen effektiv zu vereiteln", sei nichts anderes als die „Verwandlung der Rebellion in eine Prozession. Die der Empörung in Andacht." Kurzum: „Gegen Raketenbasen singt man nicht an".

60 Unter denen, die sich nach Tschernobyl auf Anders beriefen, war auch der damalige Ministerpräsident des Saarlandes, Oskar Lafontaine (siehe das Interview im SPIEGEL Nr. 35 vom 25. August 1986, S. 27, URL: http://www.spiegel.de/spiegel/print/d-13520121.html; zuletzt abgerufen am 12.07.2022).

61 Wittulski 1992, S. 43.

62 Meyer-Abich 1988.

63 Siehe dazu auch Malm (2020), der den strategischen Pazifismus der Klimabewegung unter anderem deshalb scharf kritisiert, weil dieser die faktische (partielle) Gewaltförmigkeit

angeblich gewaltfreier Widerstandsbewegungen systematisch ausblende und so falsche Vorbilder kreiere.

64 Mahler 1987.

65 So von Bredow 1998, S. 98.

66 Siehe exemplarisch Broniowski 2003 sowie Burger 1992.

67 Siehe den Text zu Anders' Methode in diesem Band.

68 Schneede 2020, S. 72.

69 Siehe Lohmann 1987; Wittulski 1992, S. 44 sowie Marcuse (1996, S. 147): „Was ist die Gewalt, die von Demonstranten ausgeübt wird, wenn sie ein Atomkraftwerks-Feld besetzen? Das ist, glaube ich, defensive Gewalt, Verteidigung gegen Todesdrohung."

70 Zur Differenz von ‚latent' und ‚manifest' siehe Galtung 1975, S. 14.

71 Siehe dazu Lipp 1969.

72 Vermutlich orientiert sich der späte Anders hier wie an anderer Stelle implizit am kritischen Personalismus seines Vaters William Stern, dem zufolge alle Personen Selbstzwecke verfolgen, darunter auch die Selbst*entfaltung*, in erster Linie jedoch Selbst*erhaltung* (siehe Lamiell/Laux 2012, S. 212).

73 Marx 1998, S. 779.

74 Siehe Benjamin 1991b, S. 183, 201.

75 Ebd., S. 179.

76 Ebd., S. 185.

77 Saar 2006, S. 114.

78 Beck 1986, S. 63.

79 Jungk 1977, S. 202.

80 Burger 1992, S. 254.

81 Marx 1990a, S. 513, 524.

82 Adorno 2003a, S. 43, 98.

83 Siehe Benjamin 1991b, S. 190.

84 Ein gesetzliches Verbot von Atomkraftwerken (wie beispielsweise in Österreich) ändert keine geltende Rechtsordnung.

85 Saar 2006, S. 113.

86 Benjamin 1991a, S. 1232.

87 Saar 2006, S. 115.

88 Ebd., S. 116.

89 Benjamin 1991b, S. 196.

Günther Anders und die 68er-Bewegung

1 Siehe Himmler 1948. Anders zitiert die folgende Passage: „Von euch werden die meisten wissen, was es heißt, wenn 100 Leichen beisammen liegen, wenn 500 daliegen oder wenn

1000 daliegen. Dies durchgehalten zu haben und dabei [...] anständig geblieben zu sein, das hat uns hart gemacht. Dies ist ein niemals geschriebenes und niemals zu schreibendes Ruhmesblatt unserer Geschichte" (ebd., S. 145).

2 Über *Les Temps Modernes* war sie auch zu Herbert Marcuse gedrungen („Großartig!"), der den Freund brieflich um Zusendung einer englischen Fassung bat, um diese in den USA zu veröffentlichen (BW, S. 166).

3 Kraushaar 2004, S. 18.

4 Kraushaar (2018a–d) erwähnt Anders in seiner opulenten Chronik der 68er-Bewegung, die das Jahrzehnt von 1960 bis 1970 umfasst, auf rund 2.000 Seiten lediglich acht Mal.

5 Anders' musikphilosophische Studien, darunter auch die geplante Habilitationsschrift, wurden 2017 aus dem Nachlass publiziert (MS).

6 Siehe dazu ausführlich Dries 2012b sowie HF.

7 Zu Anders' Exilerfahrung siehe ausführlich Putz 2017a.

8 Siehe dazu (mit weiterführenden Literaturhinweisen) Putz 2017b sowie Freundlich 1992, insbes. S. 133–146.

9 Dass Anders von Protagonisten der Studentenbewegung vor allem als Kritiker der Atombombe wahrgenommen und nachgefragt wurde, belegt exemplarisch sein Text „Die beweinte Zukunft" (BZ), den Gudrun Ensslin und Bernward Vesper in ihrem Kleinverlag *Studio Neue Literatur* veröffentlichten. Über seine Schriften zur atomaren Situation übte Anders Ende der 50er Jahre jedoch einen entscheidenden Einfluss auf die Gründung der später in linken Studentenkreisen viel gelesenen marxistischen Zeitschrift *Das Argument* aus, die in den 60er Jahren einige Texte von ihm publizierte. In seinem Nachruf auf Anders hebt ihr Herausgeber Wolfgang Fritz Haug (1993, S. 5) hervor: „Diese Zeitschrift [...] bildete sich in einen politisch-intellektuellen Horizont hinein, den neben Bertrand Russell – und für uns näher als dieser – niemand so bestimmte wie Günther Anders." Siehe dazu auch Bebnowski 2021.

10 Siehe dazu Bauer 2018.

11 Siehe Russell/Sartre 1968.

12 Siehe dazu Sloterdijk 2002.

13 Der Text war als Beitrag zum Springer-Hearing des *Republikanischen Clubs* vom 9. Februar 1968 in West-Berlin gedacht und wurde nach Anders' kurzfristiger Absage ebendort verlesen (siehe Kraushaar 2018c, S. 53).

14 In seinem Essay „Die Welt als Phantom und Matrize" aus dem ersten Band der *Antiquiertheit* hatte Anders mit Bezug auf Rundfunk und Fernsehen behauptet, die Sendung verbräme den Umstand, „daß sie ein bereits gefälltes Urteil darstellt", sie verzichte gleichsam auf ihre „*Urteilsform*" (AM 1, S 182 f.). Nach Anders liefert sie nicht die Welt ins Haus, sondern

lediglich präparierte, mit vorgefertigten Urteilen imprägnierte „*Weltstücke*" (AM 1, S. 192).

15 Daneben setzt Anders sich in seinem Text (SB, S. 185) vor allem mit dem „aufdringlichen Pro-Semitismus" der Springer-Presse auseinander.

16 1971 erschien im Ostberliner Union Verlag der DDR-Blockpartei CDU eine reduzierte, zugleich aber um neue Stücke ergänzte Fassung unter dem Titel *Eskalation des Verbrechens* (EV).

17 Siehe dazu auch den Text über Macht, Herrschaft und Gewalt in diesem Band.

18 Mahler 1987.

19 Ebd.

20 Ebd.

21 Die Forschung zum Verhältnis Anders-Adorno ist nicht mehr, wie Liessmann (1998, S. 29) schreibt, „in jeder Hinsicht Desiderat", aber immer noch sehr übersichtlich (siehe exemplarisch Wiesenberger 2003 und Martin 2013).

22 Siehe Ellensohn 2017, S. 349–361.

23 So auch Martin (2013, S. 130), die neben offensichtlichen Unterschieden viele Gemeinsamkeiten zwischen Anders und Adorno entdeckt, nicht zuletzt den (hybriden) Anspruch, Gesellschaft als Ganze zu reflektieren. Zu den Ursprüngen des Primats der Praxis bei Anders siehe auch den Schluss seines frühen Schlüsseltexts „Pathologie der Freiheit" (WM, S. 48–81).

24 Greffrath 2002; siehe dazu auch Anders' Gesprächsprotokoll einer Begegnung mit Adorno im Mai 1966 (BW, S. 90).

25 Siehe dazu Stern 1948; deutsche Fassung in ÜH (S. 72–115). Am 6. September 1962 eröffnet Adorno einen Brief damit, dass er „durch puren Zufall" von Anders' Arbeit gelesen habe, und bittet um Zusendung eines Sonderdrucks („Gott vergelt's"), um Anders im *Jargon der Eigentlichkeit* (Adorno 2003b) „[s]elbstverständlich" zitieren zu können (BW, S. 51). Ein Anders-Zitat findet sich im Text freilich nicht.

26 So Adorno mit Blick auf die mühevolle Arbeit am Manuskript seiner *Negativen Dialektik* (BW, S. 79).

27 Adornos kritische Haltung zum Engagement des Intellektuellen lässt sich in seinem gleichnamigen Vortrag für Radio Bremen, gesendet am 28. März 1962, nachvollziehen. Dort wendet er sich scharf gegen Brecht und Sartre – für Anders Vorbild und Mitstreiter – und optiert für autonome statt engagierte Kunst. In Deutschland laufe Engagement vielfach „auf Geblök hinaus, auf das, was alle sagen, oder wenigstens latent alle gern hören möchten." (Adorno 1990, S. 429)

28 Im Vietnambuch findet sich ein mit „Lob der Plumpheit" überschriebener kurzer Dialog zwischen ‚A.' (Anders) und einem

nicht weiter bekannten ‚B.‘, der sich auch als Kritik am intellektuellen Aristokratismus eines Adorno lesen lässt: Auf den Vorwurf von B., die politische Theorie von A. sei „viel zu einfach. So grob und so dumm ist die Wirklichkeit nicht“, erwidert A.: „Vielleicht ist diese gar nicht so kompliziert. Vielleicht sind ihr die groben Begriffe, mit denen Grobe sie zu fassen suchen, angemessener als die feinen Begriffsnetze, in denen du sie zu fangen wünschst. Vielleicht mißdeutest du diese Wirklichkeit gerade dadurch, daß du sie in einem zu komplizierten und zu subtilen Schema darstellst, kurz: vielleicht verfehlst du die Wahrheit dadurch, daß du zu fein bist und zu höflich, um zuzugeben, wie plump sie ist.“ (BV, S. 140)

29 von Boehm 2012, S. 142.

30 Siehe Hörl (Hg.) 2011.

31 Putz 2017c, S. 340.

32 Mehr zu Vokabelaskese und Anders' Geldmetapher bei Putz 2017c.

33 Zwei Dekaden später fragt Anders sich schließlich, „*ob nicht durch die monströse Entwicklung der Technik* (die man freilich selbst eine ‚Revolution‘ nennen darf, sogar vielleicht die bis heute wichtigste) *die Möglichkeit politischer Revolutionen zum Verschwinden gebracht worden ist* – was freilich wiederum eine Revolution darstellen würde, ein welthistorisches Ereignis, wenn auch ein negatives, etwa wie das Aussterben von Tierarten.“ (GP, S. 48)

34 Siehe dazu insbesondere Anders' Ausführungen in der sechsteiligen Reihe über „Sprache und Endzeit“ (SE I-VI).

35 In diesem Punkt kommt ihm dann auch Adorno (1971, S. 23) sehr nahe: „Ich habe“, bekennt dieser, „das Düstere übertrieben, der Maxime folgend, daß heute überhaupt nur Übertreibung das Medium von Wahrheit sei.“

36 Siehe dazu den Text zu Anders' Methode in diesem Band.

Von Menschen, Flundern und letzten Dingen

1 Panizza 2019, S. 26.

2 Ebd., S. 39, 31.

3 Ebd., S. 39, 51.

4 Plessner 1975, S. 310.

5 Ebd., S. 309.

6 Plessner 2019, S. 113.

7 Siehe Dietze 2006.

8 Siehe exemplarisch Eßbach/Fischer/Lethen (Hg.) 2002; Lindemann 2009; de Mul (Hg.) 2014; Fischer 2016; Burow et al. (Hg.) 2019.

9 Siehe Fischer 2014.

10 Siehe die Schriften der Jahre 1927–1936 in WM. Ich unterscheide hier wie im Folgenden mit Joachim Fischer (2008) zwischen ‚Philosophischer Anthropologie' als Denkansatz (bei Scheler, Plessners, Gehlen, Anders u.a.) und ‚philosophischer Anthropologie' als Disziplin.

11 So Fischer 2008.

12 Améry 2004, S. 375.

13 Nähere Informationen dazu unter https://www.guenther-anders-gesellschaft.org/nachlass.

14 Siehe dazu Dries 2023.

15 „[O]hne Sie", schreibt Anders am 8. Juli 1977 mit Bezug auf seine frühen Jahre zwischen Freiburg und Köln an Plessner, „ist meine philosophische Entwicklung nicht vorstellbar." (BW, S. 237)

16 Die Flunder zählt (neben diversen anderen ‚niederen' Lebensformen) offenbar zu Anders' Lieblingsbeispielen, wenn es um die Negation der menschlichen Sonderstellung geht. Allein in den *Ketzereien* erwähnt er sie viermal (K, S. 149, 151, 231, 253).

17 Siehe dazu ausführlich Dries 2018a.

18 Die Analyse der Mutter-Kind-Beziehung führt Anders letztlich dazu, das „Dativisch-Sein" in Anlehnung an Heidegger als allgemein-menschlichen Existenzmodus auszuweisen, wo immer die Welt „uno actu meinen Bereich und meine Existenz unmittelbar mit ausmacht." (WM, S. 108) Vor diesem Hintergrund erklären sich für Anders dann auch Entfremdungs- oder besser Befremdungsprozesse, wie sie sich beispielsweise während der Ablösung des Kindes von seinen unmittelbaren Bezugspersonen schrittweise vollziehen und auf diese Weise aus ursprünglich Apriorischem etwas (nachträglich) Erfahrungsbedürftiges machen.

19 Mit Blick auf die von Freud postulierte Anachronie innerpsychischer Instanzen ließen sich vielleicht sogar unterschiedliche Ambitus in einer einzigen Person differenzieren; analog dazu können Körper und Seele verschiedene „Einbettungskoeffizienten" (WM, S. 17) aufweisen (wie etwa körperlich anwesend, aber ‚in sich versunken').

20 Siehe Arendt 2002, S. 17.

21 Siehe Stern 1936/37.

22 Wenige Dinge hätten der europäischen Philosophie mehr geschadet, so Anders (LG, S. 62), „als die immer wieder als selbstverständlich vorausgesetzte Identität von ‚differentia specifica' und ‚Wesen'."

23 Zu seinen frühen Schriften bekennt sich Anders bereits im ersten Band der *Antiquiertheit* (S. 346) ausdrücklich.

24 Eine eindrucksvolle Liste historischer Bestimmungsversuche – vom Animal rationale bis zum Homo totus –bietet Antweiler 2007, S. 148 ff.

25 Siehe ausführlich Dries 2018a sowie Müller 2012.

26 Plessner (2003b, S. 138) weist darauf hin, dass dieser Utopismus zwei Laufrichtungen hat: „Geschichte muß immer wieder umgeschrieben werden, weil sie mit jedem Tage, der ihr zuwächst, nicht nur in einem neuen Lichte erscheinen kann, sondern faktisch anders wird. Denn das Vergangene ändert sich vom Kommenden her."

27 Siehe Plessners erstes anthropologisches Grundgesetz (1975, S. 309–321).

28 Siehe Plessner 2019, S. 21 f. Vor diesem Hintergrund erklärt sich die geradezu anthropologische Phobie gegen allzu starke Festlegungen. Sie wurzelt nach Plessner (2003a, S. 55, 64) in der „Zweideutigkeit" der Seele, ihrem zwischen Fixierungsbegehren und den „unsagbaren Möglichkeiten des Andersseins" schwankenden Charakter: „Ob Lob oder Tadel – im tiefsten muß sich die unendliche Seele aufbäumen gegen das verendlichende Bild im Bewußtsein eines Urteils."

29 Als ultimativer Ausweg bietet sich dem Nihilisten schließlich nur noch die Auslöschung der Kontingenz im Weltenbrand an, die finite Selbstbestimmung als totaler Herostrat (AM 1, S. 353–361).

30 Scheler 1976, S. 33.

31 Plessner 2019, S. 111.

32 Das Exilantenschicksal wird bei Anders immer wieder zum Thema (etwa in *Lieben gestern* oder seinen Tagebüchern); die Auseinandersetzung mit der Figur des Arbeitslosen beginnt in den ersten Monaten des Exils (AA).

33 Anders wendet sich an dieser Stelle explizit gegen Heideggers a-soziologische Rede vom In-der-Welt-Sein, weist implizit aber auch auf einen blinden Fleck seiner eigenen frühen (auf Heidegger rekurrierenden) Anthropologie hin.

34 So Nassehi 2016, S. 140.

35 Als „*Verbiederung der Welt*" bezeichnet Anders (AM 2, S. 135) einen zentralen Effekt der Fernsehsendung, insofern sie uns „fremde Menschen, Dinge, Ereignisse und Situationen so liefert, als wären sie Vertrautes" – mit anderen Worten: insofern sie das Moment eigener Welt-Erfahrung (im Sinne der Überwindung ursprünglicher Fremdheit) ausschaltet.

36 Zill (2015, S. 162) ist der Ansicht, Anders' Spätphilosophie bestehe „im Kern aus einer Verdinglichungskritik" und ergänze die Anthropologie nicht nur, sondern ersetze sie. Letzterem wird man in Anbetracht des – auch von Anders selbst hervorgehobenen – inneren Zusammenhangs von Früh- und Spätwerk kaum zustimmen wollen (siehe Dries 2018a), was auch

Zill (2019) inzwischen ähnlich zu sehen scheint. Davon abgesehen gehört das enge, aber ambivalente Verhältnis zu Marx in der Anders-Forschung bis heute zu den größten blinden Flecken (ganz im Gegensatz zur deutlich überbewerteten Verbindungslinie Anders – Heidegger); siehe diesbezüglich Dawsey (2019, S. 42, 50), der Anders als ‚Post-Marxisten' versteht, dem es in seiner Auseinandersetzung mit Marx darum gehe, die „aporias of Marxist theory" zu überwinden. Ambivalent ist auch Anders' Verhältnis zur Kritischen Theorie, obwohl seine Kritik der politischen Technologie sich leicht in diese Denktradition einfügen ließe (siehe dazu den Text über Günther Anders und ‚1968' in diesem Band sowie Liessmann 1998).

37 Siehe Plessner 2003c. In eine ähnliche Kerbe wie Plessner schlägt – von Luhmann herkommend – Nassehi (2016, S. 147) mit seiner Kritik an Hartmut Rosas Resonanztheorie, der er „eine anthropologische Kapitulation" vor der Moderne vorwirft. Letztere ist – ein Hinweis auf den historischen Ort auch der Anders'schen Weltfremdheitsanthropologie – jener Sozialraum, dessen Bewohner sich in hohem Maße fremd sein dürfen. Es ist gerade diese – mit Nassehi: vertraute – Fremdheit, der die Einzelnen ihre Individualität verdanken.

38 Filk 2006, S. 285.

39 *À la longue*, d.h. im Endzustand der technokratischen Selbstermächtigung, werden die Geräte nach Anders qua Vernetzung und Verschaltung selbst zu Opfern ihres eigenen Erfolgs: zu bloßen Zahnrädchen einer totalitären „Mega-Maschine" (AM 2, S. 482 (Anm. 1)). Gäbe es „eine ‚Soziologie der Dinge'", so Anders (AM 2, S. 127), dann nur unter der Prämisse, dass es keine Einzelgeräte gibt: „Vielmehr ist jedes ein ‚zoon politikon' und außerhalb seiner ‚Gesellschaft' […] bliebe jedes untauglich", wobei ‚Gesellschaft' in diesem Fall nicht nur die Gerätefamilie als solche meint, sondern auch das „Korrelat […] aus Rohstoffen, Produzenten, Konsumenten, Geschwisterapparaten, Abfallkanalisationen" etc.

40 Bauman (2002b) nimmt diese Diagnose unter dem Begriff der „Adiaphorisierung" wieder auf.

41 Siehe dazu auch die Ausführungen zur Antiquiertheit der Arbeit und des Individuums im zweiten Band der *Antiquiertheit*.

42 Siehe Oberprantacher 2014, S. 96ff.

43 Bauman 2005.

44 Oberprantacher 2014, S. 101.

45 Nancy 2013, S. 10.

46 Schärfer könnte der Gegensatz zu neueren Individualisierungs- und Singularisierungstheorien kaum ausfallen. Dass Mittelschichtsangehörige ihr Leben neuerdings wie

Museumskuratoren einrichten (siehe Reckwitz 2017), hätte Anders gewiss nur als Steigerungsform des oralen Polytheismus respektive Konformismus betrachtet.

47 Serres 2009, S. 76.

48 Man denke an Nietzsches Wendung vom „missrathenste[n] Thier“, dessen Geist Ausdruck einer „relativen Unvollkommenheit des Organismus“ sei (Nietzsche 1999, S. 180 f.) oder Pascals Schilfrohrmetapher: „L'homme n'est qu'un roseau, le plus faible de la nature, mais c'est un roseau pensant“. (Quelle: http://www.penseesdepascal.fr/Transition/Transition5-moderne.php; zuletzt abgerufen am 12.07.2022).

49 Pothast 1988, S. 28.

50 Siehe den von Bajohr (2020) herausgegebenen Sammelband zum Thema.

51 Es ist dieselbe Frage, die im Zuge der Anthropozändebatte wiederkehrt. Nun ist es der Klimawandel, der „ein neues Band“ zwischen den Menschen stiftet (Latour 2018, S. 16). In beiden Fällen verschafft, wie Anders mit Blick auf die Bombe bemerkt, die „Rede vom ‚Selbstmord der Menschheit‘“ den eigentlich Verantwortlichen allerdings „ein herrliches Alibi“ (AM 1, S. 283). Tatsächlich sei es „nicht die Menschheit, die sich selbst ausrottet, oder es ist auch nicht ‚der‘ Mensch – wer ‚der‘ Mensch überhaupt ist, ist mir ganz unklar, der Singular ist sehr sonderbar –, es sind bestimmte blindgeleitete Interessenten, die den Tod der Menschheit in Kauf nehmen.“ (Brandl 2002, S. 82) Auch die klimapolitische Variante des Kollektivsingulars hat also ihre ideologische Schlagseite.

52 Quelle: *Comprehensive Nuclear-test-ban Treaty Organization* (https://www.ctbto.org; zuletzt abgerufen am 12.07.2022).

53 Für diesen Hinweis danke ich Christopher J. Müller (Sydney).

54 Panizza 2019, S. 50.

55 Siehe dazu am Beispiel Human Enhancement Heilinger (2014), der mit Recht darauf hinweist, dass die ethischen Probleme im Kontext des Enhancements „zunächst nicht auf der anthropologischen Ebene“ liegen, sondern „prudentielle *Risikoabwägungen*“ und vor allem Gerechtigkeitsfragen betreffen (ebd., S. 167).

56 Ebd., S. 172.

57 So auch Zill 2015, S. 161.

58 Zur Denkfigur des Schnitts siehe Barad 2012, S. 19 f., 29.

59 Zill 2015, S. 174.

60 Zur Vorgeschichte in Anders' Frühwerk siehe Stern 1928.

61 Dass es sich hier um ein grundlegendes anthropologisches Problem handelt, wird auch von jenen anerkannt, die Anders' Technokratiethese nicht teilen: „Wenn ein neues Gerät oder Medium auftaucht, dauert es eine Weile, bis alle aufhören, mit

dem neuen Ding dasselbe zu machen und dasselbe darüber zu denken, was man schon mit dem Vorgängerding machen und über das Vorgängerding denken konnte. Wir leben noch lange im Alten, obwohl die Möglichkeiten des Neuen schon da sind und für spätere Betrachter unübersehbar sein werden." (Passig 2019, S. 34)

62 Das gilt nicht nur für die klassische Was-Frage der Anthropologie (‚Was ist der Mensch?'), sondern jenseits alltagsanthropologischen Handlungswissens auch für die – häufig unbedachte und historisch sehr unterschiedlich beantwortete – Frage, *wer* jeweils überhaupt als ‚Mensch' bzw. soziale Person adressiert wird und wer nicht (siehe dazu Lindemann 2006).

Literatur von Günther Anders

AA = „Anthropologie der Arbeitslosen. Paris 1933“, in: *FORVM* 485/486, 1994, S. 1–2.

AD = *Die atomare Drohung. Radikale Überlegungen zum atomaren Zeitalter* [1981], 7. Aufl., München: Beck 2003.

AH = „Die Antiquiertheit des Hassens“, in: Renate Kahle/Heiner Menzner/Gerhard Vinnai (Hg.), *Haß. Die Macht eines unerwünschten Gefühls*, Reinbek bei Hamburg: Rowohlt 1985, S. 11–32.

AM 1 = *Die Antiquiertheit des Menschen. Band 1: Über die Seele im Zeitalter der zweiten industriellen Revolution* [1956], Neuauflage, München: Beck 2018.

AM 2 = *Die Antiquiertheit des Menschen. Band 2: Über die Zerstörung des Lebens im Zeitalter der dritten industriellen Revolution* [1980], Neuauflage, München: Beck 2018.

AP = „Gegen ein neues und endgültiges Nagasaki“, in: *Theodor-W.-Adorno-Preis 1983 der Stadt Frankfurt am Main*, hg. v. Dezernat Kultur und Freizeit der Stadt Frankfurt am Main, Frankfurt a. M. 1983, S. 12–15.

BH = *Besuch im Hades. Auschwitz und Breslau 1966. Nach „Holocaust“* [1979], 3. Aufl., München: Beck 1996.

BP 1 = „Blindschleiche und Parsifal. Natur und Kultur in meiner Kindheit“, in: *FORVM* 444, 1990, S. 23–33.

BP 2 = „Blindschleiche und Parsifal. Natur und Kultur in meiner Kindheit. Zweite von drei Folgen“, in: *FORVM* 445–447, 1991, S. 48–53.

BR = „‚Brecht konnte mich nicht riechen‘. Gespräch mit Günther Anders“, in: Fritz J. Raddatz, *ZEIT-Gespräche 3*, Frankfurt a. M.: Suhrkamp 1986, S. 7–30.

BT = *Der Blick vom Turm.* Fabeln [1968], Neuauflage, München: Beck 2022.

BV = *Visit beautiful Vietnam. ABC der Aggressionen heute*, Köln: Pahl-Rugenstein 1968.

BW = *Gut, dass wir einmal die* hot potatoes *ausgraben. Briefwechsel mit Theodor W. Adorno, Ernst Bloch, Max Horkheimer, Herbert Marcuse und Helmuth Plessner*, hg. v. Reinhard Ellensohn und Kerstin Putz, München: Beck 2022.

BZ = „Die beweinte Zukunft“, in: Gudrun Ensslin/Bernward Vesper (Hg.), *Gegen den Tod. Stimmen deutscher Schriftsteller gegen die Atombombe*, Stuttgart: Studio Neue Literatur 1964, S. 15–25.

EV = *Eskalation des Verbrechens. Aus einem ABC der amerikanischen Aggression gegen Vietnam*, Berlin: Union 1971.

G = *Gewalt – ja oder nein. Eine notwendige Diskussion*, hg. v. Manfred Bissinger, München: Knaur 1987.

GA = *Günther Anders antwortet. Interviews & Erklärungen*, hg. v. Elke Schubert, Berlin: Edition TIAMAT 1987.

GP = „Reicht der gewaltlose Protest?“, in: *FORVM* 397/398, 1987, S. 48–51.

HF = Arendt, Hannah/Günther Anders, *Schreib doch mal* hard facts *über Dich. Briefe 1939 bis 1975. Texte und Dokumente*, hg. v. Kerstin Putz, München: Beck 2016.

HÜ = *Hiroshima ist überall. Tagebuch aus Hiroshima und Nagasaki. Briefwechsel mit dem Hiroshima-Piloten Claude Eatherly. Rede über die drei Weltkriege*, München: Beck 1995.

IV = „Günther Anders an die Internationale Vietnamkonferenz in Berlin“, in: SDS Westberlin/Internationales Nachrichten- und Forschungs-Institut (INFI) (Hg.), *Der Kampf des vietnamesischen Volkes und die Globalstrategie des Imperialismus. Internationaler Vietnam-Kongress 17./18. Februar 1968*, Berlin 1968, S. 97–101.

K = *Ketzereien*, München: Beck 1982.

KF = *Schriften zu Kunst und Film*, hg. v. Reinhard Ellensohn und Kerstin Putz, München: Beck 2020.

LG = *Lieben Gestern. Notizen zur Geschichte des Fühlens* [1986], 3. Aufl., München: Beck 1997.

MK = *Die molussische Katakombe* [1992], 2., erw. Aufl. Mit Apokryphen und Dokumenten aus dem Nachlaß, hg. v. Gerhard Oberschlick, München: Beck 2012.

MS = *Musikphilosophische Schriften. Texte und Dokumente*, hg. v. Reinhard Ellensohn, München: Beck 2017.

MW = *Mensch ohne Welt. Schriften zur Kunst und Literatur* [1984], 2. Aufl., München: Beck 1993.

NV = *Nürnberg und Vietnam. Synoptisches Mosaik* (*Voltaire Flugschrift* 6, hg. v. Bernward Vesper), Frankfurt a. M.: Edition Voltaire 1967.

NZ = „Ich nehme nichts zurück!“, in: *WOZ. Die Wochenzeitung*, 25. Dezember 1992, S. 17–18.
OL = *Off limits für das Gewissen. Der Briefwechsel zwischen dem Hiroshima-Piloten Claude Eatherly und Günther Anders*, hg. v. Robert Jungk, Reinbek bei Hamburg: Rowohlt 1961.
PP = „Si vis pacem para pacem“, in: Initiative Sozialistisches Forum Freiburg (Hg.), *Frieden – je näher man hinschaut, desto fremder schaut es zurück. Zur Kritik einer deutschen Friedensbewegung*, Freiburg: Ça ira 1984, S. 13–20.
PS = *Philosophische Stenogramme* [1965], 3. Aufl., München: Beck 2002.
SB = „Springer Über Berlin und Jerusalem“, in: Bernd Jansen/Arno Klönne (Hg.), *Imperium Springer. Macht & Manipulation*, Köln: Pahl-Rugenstein 1968, S. 184–188.
SE 1 = „Sprache und Endzeit I“, in: *FORVM* 423/424, 1989, S. 4–5.
SE 2 = „Sprache und Endzeit II“, in: *FORVM* 426/427, 1989, S. 28–30.
SE 3 = „Sprache und Endzeit III“, in: *FORVM* 428/429, 1989, S. 50–55.
SE 4 = „Sprache und Endzeit IV“, in: *FORVM* 430/431, 1989, S. 40–46.
SE 5 = „Sprache und Endzeit V“, in: *FORVM* 432, 1989, S. 62–67.
SE 6 = „Sprache und Endzeit VI“, In: *FORVM* 433–435, 1990, S. 17–21.
TG = *Tagebücher und Gedichte*, München: Beck 1985.
TH = „10 Thesen zu Tschernobyl. Grußwort an den 6. Internationalen Ärztekongreß zur Verhütung des Atomkriegs“, in: *psychosozial*, 9. Jg., S. 7–10.
ÜH = *Über Heidegger*, hg. v. Gerhard Oberschlick in Verbindung mit Werner Reimann als Übersetzer, München: Beck 2001.
ÜP = *Über philosophische Diktion und das Problem der Popularisierung*, Göttingen: Wallstein 1992.
WE = *Wir Eichmannsöhne. Offener Brief an Klaus Eichmann* [1964], 3. Aufl., München: Beck 2002.

WM = *Die Weltfremdheit des Menschen. Schriften zur philosophischen Anthropologie*, hg. v. Christian Dries unter Mitarbeit v. Henrike Gätjens, München: Beck 2018.

Stern, Günther (1924), „Aktualität", in: *Das Dreieck*, Heft 2, S. 33–38.

— (1926), „Über Gegenstandstypen. Phänomenologische Bemerkungen anläßlich des Buches: Arnold Metzger ‚Der Gegenstand der Erkenntnis'", in: *Philosophischer Anzeiger*, 1. Jg., 2. Halbbd., S. 359–381.

— (1928), *Über das Haben. Sieben Kapitel zur Ontologie der Erkenntnis*, Bonn: Cohen.

— (1934/35), „Une interprétation de l'aposteriori", in: *Recherches Philosophiques* IV, S. 65–80.

— (1936/37), „Pathologie de la liberté. Essai sur la non-identification", in: *Recherches Philosophiques* VI, S. 22–54.

— (1948), „On the Pseudo-Concreteness of Heidegger's Philosophy", in: *Philosophy and Phenomenological Research*, 8(3), S. 337–371.

Sonstige Literatur

Adorno, Theodor W. (1971), „Was bedeutet: Aufarbeitung der Vergangenheit“, in: ders., *Erziehung zur Mündigkeit. Vorträge und Gespräche mit Hellmut Becker 1959–1969*, hg. v. Gerd Kadelbach, Frankfurt a. M.: Suhrkamp, S. 10–28.

— (1990), „Engagement“, in: ders., *Noten zur Literatur* (*Gesammelte Schriften*, Bd. 11), hg. v. Rolf Tiedemann unter Mitarbeit von Gretel Adorno, Susan Buck-Morss und Klaus Schultz, 3. Aufl., Frankfurt a. M.: Suhrkamp, S. 409–430.

— (2003a), *Minima Moralia. Reflexionen aus dem beschädigten Leben* (*Gesammelte Schriften*, Bd. 4), hg. v. Rolf Tiedemann unter Mitwirkung von Gretel Adorno, Susan Buck-Morss und Klaus Schultz, Frankfurt a. M.: Suhrkamp.

— (2003b), *Jargon der Eigentlichkeit. Zur deutschen Ideologie*, in: *Negative Dialektik. Jargon der Eigentlichkeit* (*Gesammelte Schriften*, Bd. 6), hg. v. Rolf Tiedemann unter Mitwirkung von Gretel Adorno, Susan Buck-Morss und Klaus Schultz, Frankfurt a. M.: Suhrkamp, S. 413–526.

Adorno, Theodor W./Arnold Gehlen (1974), „Ist die Soziologie eine Wissenschaft vom Menschen? Ein Streitgespräch“, in: Friedemann Grenz, *Adornos Philosophie in Grundbegriffen. Auflösung einiger Deutungsprobleme*, Frankfurt a. M.: Suhrkamp, S. 225–251.

Alexijewitsch, Swetlana (2019), *Tschernobyl. Eine Chronik der Zukunft*, 2. Aufl., Frankfurt a. M.: Suhrkamp.

Althaus, Gabriele (1989), *Leben zwischen Sein und Nichts. Drei Studien zu Günther Anders*, Berlin: Metropol.

Améry, Jean (2004), „Rückblick auf die Apokalypse. Zu Günther Anders' Anthropologie des homo faber“, in: ders., *Aufsätze zur Philosophie* (*Werke*, Bd. 6), hg. v. Gerhard Scheit, Stuttgart: Klett-Cotta, S. 374–380.

Antweiler, Christoph (2007), *Was ist den Menschen gemeinsam? Über Kultur und Kulturen*, Darmstadt: WBG.

Arendt, Hannah (2002), *Vita activa oder Vom tätigen Leben*, München: Piper.

Aristoteles (2008), *Poetik*. Übersetzt und erläutert von Arbogast Schmitt (*Werke in deutscher Übersetzung*, Bd. 5), Berlin: Akademie-Verlag.

Babich, Babette (2018), „On Günther Anders, political media theory, and nuclear violence“, in: *Philosophy & Social Criticism*, 44(10), S. 1110–1126.

— *Günther Anders' Philosophy of Technology. From Phenomenology to Critical Theory*, London u.a.: Bloomsbury Academic.

Bahr, Raimund (2010), *Günther Anders. Leben und Denken im Wort*, St. Wolfgang: Edition Art & Science.

Bajohr, Hannes (Hg.) 2020, *Der Anthropos im Anthropozän. Die Wiederkehr des Menschen im Moment seiner vermeintlich endgültigen Verabschiedung*, Berlin: de Gruyter.

Barad, Karen (2012), *Agentieller Realismus. Über die Bedeutung materiell-diskursiver Praktiken*, Berlin: Suhrkamp.

Bauer, Bruno (1968a), „Was ist jetzt der Gegenstand der Kritik?“, in: ders., *Feldzüge der reinen Kritik*, Frankfurt a. M.: Suhrkamp, S. 200–212.

Bauer, Bruno (1968b), „Die Gattung und die Masse“, in: ders., *Feldzüge der reinen Kritik*, S. 213–223.

Bauer, Christian (2018), „Schuldlos schuldig im Zeitalter technischer Fernwirkungen. Über die Generalisierbarkeit des Falles Eatherly“, in: *Behemoth. A Journal on Civilization*, 11(1) (Themenausgabe „Günther Anders aktuell“, hg. v. Christian Dries), S. 56–72, URL: https://ojs.ub.uni-freiburg.de/behemoth/article/view/979/942; zuletzt abgerufen am 12.07.2022.

Bauman, Zygmunt (2002a), *Dialektik der Ordnung. Die Moderne und der Holocaust*, Hamburg: EVA.

— (2002b), „Die soziale Manipulation der Moral: Moralisierung der Handelnden, Adiaphorisierung des Handelns“, in: ders., *Dialektik der Ordnung*, S. 234–253.

— (2005), *Verworfenes Leben. Die Ausgegrenzten der Moderne*, Hamburg: Hamburger Edition.

Bebnowski, David (2021), *Kämpfe mit Marx. Neue Linke und akademischer Marxismus in den Zeitschriften* Das Argument *und* PROKLA *1959–1976*, Göttingen: Wallstein.

Beck, Max (2017), *Günther Anders' Gelegenheitsphilosophie. Exilerfahrung – Begriff – Form*, Wien: Klever.

Beck, Ulrich (1986), *Risikogesellschaft. Auf dem Weg in eine andere Moderne*, Frankfurt a. M.: Suhrkamp.

Bell, Daniel (1976), *Die nachindustrielle Gesellschaft*, 2. Aufl., Frankfurt a. M./New York: Campus.

Benjamin, Walter (1991a), *Abhandlungen* (*Gesammelte Schriften*, Bd. I.3), hg. v. Rolf Tiedemann und Hermann Schweppenhäuser, 3. Aufl., Frankfurt a. M.: Suhrkamp.

— (1991b), „Zur Kritik der Gewalt", in: ders., *Aufsätze, Essays, Vorträge* (*Gesammelte Schriften*, Bd. II.1), hg. v. Rolf Tiedemann und Hermann Schweppenhäuser, Frankfurt a. M.: Suhrkamp, S. 179–203.

Blanchot, Maurice (2011), „Die Apokalypse enttäuscht", in: ders., *Die Freundschaft*, Berlin: Matthes & Seitz, S. 131–141.

Boehm, Gero von (2012), „Günther Anders", in: ders., *Begegnungen. Menschenbilder aus drei Jahrzehnten*, München: Collection Rolf Heyne, S. 141–150.

Bohlender, Matthias (2010), „Die Herrschaft der Gedanken. Über Funktionsweise, Effekt und Produktionsbedingungen von Ideologie", in: Harald Bluhm (Hg.), *Karl Marx/Friedrich Engels: Die deutsche Ideologie* (*Klassiker Auslegen*, Bd. 36), Berlin: Akademie-Verlag, S. 41–57.

Bösel, Bernd (2021), *Die Plastizität der Gefühle. Das affektive Leben zwischen Psychotechnik und Ereignis*, Frankfurt a. M./New York: Campus.

Brandl, Hellfried (2002), „Günther Anders. ‚Der Philosoph der Apokalypse'", in: ders., *Begegnungen. Gespräche mit Zeitzeugen*, Wien/Köln/Weimar: Böhlau, S. 79–94.

Bredow, Wilfried von (1998), „Der Atomdiskurs im Kalten Krieg (1945–1962)", in: Michael Salewski (Hg.), *Das nukleare Jahrhundert. Eine Zwischenbilanz*, Stuttgart: Steiner, S. 91–101.

Broniowski, Stefan (2003), „Der überschätzte Unbekannte. Günther Anders: Ein Philosoph oder doch nur ein Prophet?", in: Dirk Röpcke/Raimund Bahr (Hg.), *Geheimagent der Masseneremiten – Günther Anders*, 2. Aufl., St. Wolfgang: Edition Art & Science, S. 129–147.

Burger, Rudolf (1992), „Die Philosophie des Aufschubs", in: Konrad Paul Liessmann (Hg.), *Günther Anders kontrovers*, München: Beck, S. 252–266.

Burow, Johannes F. et al. (Hg.) 2019, *Mensch und Welt im Zeichen der Digitalisierung. Perspektiven der philosophischen Anthropologie Plessners*, Baden-Baden: Nomos.

Campanella, Thomaso (2008), *Die Sonnenstadt*, hg. v. Jürgen Ferner, Stuttgart: Reclam.

Castoriadis, Cornelius (1984), *Gesellschaft als imaginäre Institution. Entwurf einer politischen Philosophie*, Frankfurt a. M.: Suhrkamp.

Clemens, Detlef (1996), „Günther Anders – ein Marxist?", in: *Das Argument*, 38(214), S. 265–273.

Dawsey, Jason (2019), „Marxism and technocracy. Günther Anders and the necessity for a critique of technology", in: *Thesis Eleven*, 153(1), S. 39–56.

Des Pres, Terrence (2008), *Der Überlebende – Anatomie der Todeslager*, Stuttgart: Klett-Cotta.

Dietze, Carola (2006), *Nachgeholtes Leben. Helmuth Plessner 1892–1985*, Göttingen: Wallstein.

Dries, Christian (2012a), *Die Welt als Vernichtungslager. Eine kritische Theorie der Moderne im Anschluss an Günther Anders, Hannah Arendt und Hans Jonas*, Bielefeld: transcript.

— (2012b), „Günther Anders und Hannah Arendt – eine Beziehungsskizze", in: Günther Anders, *Die Kirschenschlacht. Dialoge mit Hannah Arendt und ein akademisches Nachwort*, hg. v. Gerhard Oberschlick, München: Beck, S. 71–116.

— (2017), „Im Pilgerschritt auf guten Wegen? Erwägungen zum Stand der Anders-Forschung", in: *Günther Anders-Journal*, Jg. 1; URL: http://www.guenther-anders-gesellschaft.org/wp-content/uploads/2017/12/dries-2017.pdf; zuletzt abgerufen am 12.07.2022.

— (2018a), „Von der Weltfremdheit zur Antiquiertheit des Menschen. Günther Anders' negative Anthropologie", in: Günther Anders, *Die Weltfremdheit des Menschen. Schriften zur philosophischen Anthropologie*, hg. v. Christian Dries unter Mitarbeit v. Henrike Gätjens, München: Beck, S. 437–535.

— (2018b), „Editorial: Günther Anders aktuell“, in: *Behemoth. A Journal on Civilization*, 11(1) (Themenausgabe „Günther Anders aktuell“, hg. v. Christian Dries), S. 2–7, URL: https://ojs.ub.uni-freiburg.de/behemoth/article/view/964/940; zuletzt abgerufen am 12.07.2022.

— (2022), „Sind künstliche Tiere besser als das Original?“, in: *DIE ZEIT*, Nr. 37, 8. September, S. 51.

— (2023), Art. „Anders“, in: Joachim Fischer (Hg.), *Plessner-Handbuch. Leben – Werk – Wirkung*, Stuttgart: Metzler (i.V.).

Dries, Christian/Marie-Helen Hägele (2020), „Die Stellung des Menschen im Anthropozän. Ein Brückenschlag zwischen Posthumanismus und Philosophischer Anthropologie“, in: Hannes Bajohr (Hg.), *Der Anthropos im Anthropozän. Die Wiederkehr des Menschen im Moment seiner vermeintlich endgültigen Verabschiedung*, Berlin: de Gruyter, S. 173–189.

Dupuy, Jean-Pierre (2014), „An Andersian Approach to Nuclear Deterrence“, in: Günter Bischof/Jason Dawsey/Bernhard Fetz (Hg.), *The Life and Work of Günther Anders. Émigré, Iconoclast, Philosopher, Man of Letters*, Innsbruck/Wien/Bozen: Studienverlag, S. 35–44.

Ehgartner, Ulrike/Patrick Gould/Marc Hudson (2017), „On the obsolescence of human beings in sustainable development“, in: *Global Discourse*, 7(1), S. 66–83.

Ellensohn, Reinhard (2017), „Nachwort: Günther Anders und die Musik“, in: Günther Anders, *Musikphilosophische Schriften. Texte und Dokumente*, hg. v. Reinhard Ellensohn, München: Beck, S. 336–380.

Ellensohn, Reinhard/Kerstin Putz (2018), „‚Alles Wirkliche wird phantomhaft, alles Fiktive wirklich‘. Medienphänomenologie und Medienkritik bei Günther Anders“, in: Gerhard Schweppenhäuser (Hg.), *Handbuch der Medienphilosophie*, Darmstadt: WBG, S. 63–71.

— (2022), „Nachwort“, in: Günther Anders, *Gut, dass wir einmal die* hot potatoes *ausgraben. Briefwechsel mit Theodor W. Adorno, Ernst Bloch, Max Horkheimer, Herbert Marcuse und Helmuth Plessner*, hg. v. Reinhard Ellensohn und Kerstin Putz, München: Beck, S. 389–426.

Eßbach, Wolfgang/Joachim Fischer/Helmut Lethen (Hg.) (2002), *Plessners ‚Grenzen der Gemeinschaft'. Eine Debatte*, Frankfurt a. M.: Suhrkamp.
Fadabini, Sara (2020), „Günther Anders et l'imagination morale", in: Ninon Grangé/Pierre-François Moreau/ Frédéric Ramel (Hg.), *Günther Anders et la fin des mondes*, Paris: Classiques Garnier, S. 159–196.
Fetz, Bernhard (2019), „Günther Anders' literarische Moral der Philosophie", in: ders., *Das unmögliche Ganze. Zur literarischen Kritik der Kultur*, München: Fink, S. 245–268.
Filk, Christian (2006), „‚Frei sind die Dinge: unfrei ist der Mensch' – Zur Entwicklung von Günther Anders [sic] Negativer Anthropologie im technisch-medialen Zeitalter", in: *Medienwissenschaft*, 23(3), S. 277–291.
Fischer, Joachim (2008), *Philosophische Anthropologie. Eine Denkrichtung des 20. Jahrhunderts*, Freiburg/ München: Alber.
— (2014), „Die ‚Kölner Konstellation'. Scheler, Hartmann, Plessner und der Durchbruch zur modernen Philosophischen Anthropologie", in: Tilman Allert/ders. (Hg.), *Plessner in Wiesbaden*, Wiesbaden: Springer VS, S. 89–121.
— (2016), *Exzentrische Positionalität. Studien zu Helmuth Plessner*, Weilerswist: Velbrück Wissenschaft.
Freundlich, Elisabeth (1992), *Die fahrenden Jahre. Erinnerungen*, hg. v. Susanne Alge, Salzburg: Müller.
Fuchs, Christian (2003), „Zu einigen Parallelen und Differenzen im Denken von Günther Anders und Herbert Marcuse", in: Dirk Röpcke/Raimund Bahr (Hg.), *Geheimagent der Masseneremiten – Günther Anders*, 2. Aufl., St. Wolfgang: Edition Art & Science, S. 113–127.
Galtung, Johan (1975), „Gewalt, Frieden und Friedensforschung", in: ders., *Strukturelle Gewalt. Beiträge zur Friedens- und Konfliktforschung*, Reinbek bei Hamburg: Rowohlt, S. 7–36.
Gehlen, Arnold (1957), *Die Seele im technischen Zeitalter. Sozialpsychologische Probleme in der industriellen Gesellschaft*, Reinbek bei Hamburg: Rowohlt.
Genzmer, Herbert (1998), *Sprache in Bewegung. Eine deutsche Grammatik*, Frankfurt a. M.: Suhrkamp.

Gerhardt, Volker (Hg.) (1996), *Eine angeschlagene These. Die 11. Feuerbach-These im Foyer der Humboldt-Universität zu Berlin*, Berlin: Akademie-Verlag.
Greffrath, Mathias (2002), „Lob der Sturheit. Eine Erinnerung an Günther Anders – den Philosophen und Pamphletisten, den Analytiker und Kämpfer, der am 12. Juli 100 Jahre alt geworden wäre", in: *DIE ZEIT*, Nr. 28, 4. Juli, S. 80.
Grillmayr, Julia (2017), „Was übermorgen gewesen ist. Die Rezeption von Günther Anders im zeitgenössischen französischen catastrophisme éclairé", in: *Günther Anders-Journal*, Jg. 1. Sonderausgabe zur Tagung „Schreiben für übermorgen", hg. v. Reinhard Ellensohn und Kerstin Putz in Verbindung mit der Internationalen Günther Anders-Gesellschaft, URL: http://www.guenther-anders-gesellschaft.org/s/grillmayr-2017.pdf; zuletzt abgerufen am 12.07.2022.
Grosser, Florian (2019), „Von Wolkenkratzern, Schmetterlingen und ‚wirklicher Demokratie'. Hannah Arendt und Günther Anders als Phänomenologen der Migration", in: Emmanuel Alloa et al. (Hg.), *Quer-Treiber des Denkens. Dieter Thomä – Werk und Wirken*, Bielefeld: transcript, S. 99–130.
Haug, Wolfgang Fritz (1993), „An Anders denkend", in: *Das Argument* 197, 35(1), S. 5–7.
— (2019), „Philosophizing with Brecht and Günther Anders: What Is Wrong with Moralism?", in: Norman Roessler/Anthony Squiers (Hg.), *Philosophizing Brecht. Critical Readings on Art, Consciousness, Social Theory and Performance*, Leiden/Boston: Brill Rodopi, S. 75–92.
Hänseler, Marianne (2005), „Die Metapher in den Wissenschaften. Die Assimilierung eines Fremdkörpers in den epistemologischen Konzepten der *Science Studies*", in: *Österreichische Zeitschrift für Geschichtswissenschaften*, 16(3), S. 123–132.
Heidegger, Martin (1994), *Phänomenologische Untersuchungen zu Aristoteles. Einführung in die phänomenologische Forschung* (*Gesamtausgabe*, Bd. 61), hg. v. Walter Bröcker und Käte Bröcker-Oltmanns, 2. Aufl., Frankfurt a. M.: Klostermann.

Heilinger, Jan Christoph (2014), „Was heißt es, sich am Menschen zu orientieren?", in: *Jahrbuch für Pädagogik*, Frankfurt a. M.: Lang, S. 165–173.

Hentschel, Christine (2022), „Stretches of imagination at the end of times: affective workouts against apocalypse", in: *artnodes. E-Journal on Arts, Science and Technology*, URL: https://raco.cat/index.php/Artnodes/article/view/n29-hentschel/490467; zuletzt abgerufen am 12.07.2022.

Himmler, Heinrich (1948), „Rede des Reichsführer-SS bei der SS-Gruppenführertagung in Posen am 4. Oktober 1943", in: *Protocols of the International Military Tribunal, Vol. XXIX: Documents and Other Material in Evidence. Numbers 1850-PS to 2233-PS*, Nürnberg 1948, S. 110–173.

Horvat, Srećko (2021), *After the Apocalypse*, Cambridge (UK): Polity.

Hörl, Erich (Hg.) (2011), *Die technologische Bedingung. Beiträge zur Beschreibung der technischen Welt*, Berlin: Suhrkamp.

Hui, Yuk (2019), „Anders, Simondon and the becoming of the posthuman", in: Giulia Maria Chesi/Francesca Spiegel (Hg.), *Classical literature and posthumanism*, London u.a.: Bloomsbury Academic, S. 49–58.

Imbusch, Peter (2012), „Macht und Herrschaft in der wissenschaftlichen Kontroverse", in: ders. (Hg.), *Macht und Herrschaft. Sozialwissenschaftliche Theorien und Konzepte*, 2. Aufl., Wiesbaden: Springer VS, S. 9–35.

Inhetveen, Katharina (2008), „Macht", in: Nina Baur et al. (Hg.), *Handbuch Soziologie*, Wiesbaden: VS, S. 253–272.

Jaspers, Karl (1983), *Die Atombombe und die Zukunft des Menschen. Politisches Bewußtsein in unserer Zeit*, 7. Aufl., München: Piper.

Jungk, Robert (1977), *Der Atom-Staat. Vom Fortschritt in die Unmenschlichkeit*, München: Kindler.

Kluge, Sven (2014), „Menschenverbesserung in einer Welt ohne Mensch? Zur Aktualität und Kritikwürdigkeit von Günther Anders' Diagnose einer Antiquiertheit des Menschen", in: *Jahrbuch für Pädagogik*, Frankfurt a. M: Lang, S. 83–104.

Kovács, Gizella (1984), „Der Technikbegriff von Karl Marx und seine heutigen ‚marxologischen' Kritiker", in: dies./Siegfried Wollgast (Hg.), *Technik in Vergangenheit und Gegenwart*, Berlin: Akademie, S. 38–56.

Kraushaar, Wolfgang (2004), „‚Die Revolte der Lebenstriebe'. Marcuse als Mentor gegenkultureller Bewegungen", in: Herbert Marcuse, *Die Studentenbewegung und ihre Folgen* (*Nachgelassene Schriften*, Bd. 4), hg. v. Peter-Erwin Jansen, Lüneburg: zu Klampen, S. 15–25.

— (2018a), *Die 68er-Bewegung international. Bd. 1: Die Vorzeit: 1960–1966*, Stuttgart: Klett-Cotta.

— (2018b), *Die 68er-Bewegung international. Bd. 2: 1967*, Stuttgart: Klett-Cotta.

— (2018c), *Die 68er-Bewegung international. Bd. 3: 1968*, Stuttgart: Klett-Cotta.

— (2018d), *Die 68er-Bewegung international. Bd. 4: 1969 inklusive des Frühlings 1970 und einem Nachtrag 1979/80*, Stuttgart: Klett-Cotta.

Lamiell, James T./Lothar Laux (2012), „William Stern als Befürworter einer konkreten Psychologie: Von den Anfängen bis zum Lebensfilm", in: Gerd Jütemann/Wolfgang Mack (Hg.), *Konkrete Psychologie. Die Gestaltungsanalyse der Handlungswelt*, Lengerich u.a.: Pabst, S. 206–220.

Langenbach, Jürgen (1988), *Günther Anders. Eine Monographie*, München: Raben.

Latour, Bruno (2016), *Cogitamus*, Berlin: Suhrkamp.

— (2018), *Das terrestrische Manifest*, Berlin: Suhrkamp.

Lenk, Hans (1994), *Macht und Machbarkeit der Technik*, Stuttgart: Reclam.

Liessmann, Konrad Paul (1984), „Karl Marx: Die Thesen über Feuerbach – einige Bemerkungen zu ihrer Bedeutung und Rezeption", in: Peter Lüftenegger (Hg.), *Philosophie und Gesellschaft*, Wien: Institut für Wissenschaft und Kunst, S. 95–103.

— (1998), „Hot Potatoes. Zum Briefwechsel zwischen Günther Anders und Theodor W. Adorno", in: *Zeitschrift für kritische Theorie*, Heft 6, S. 29–38.

— (2014), „Die Gerätewelt. Günther Anders und die Phänomenologie der Dinge", in: Iris Därmann/Rebekka Ladewig (Hg.), *Kraft der Dinge. Phänomenologische Skizzen*, München: Fink, S. 69–82.

Lindemann, Gesa (2006), „Soziologie – Anthropologie und die Analyse gesellschaftlicher Grenzregimes", in: Hans-Peter Krüger/dies. (Hg.), *Philosophische Anthropologie im 21. Jahrhundert*, Berlin: Akademie, S. 42–62.
— (2009), *Das Soziale von seinen Grenzen her denken*, Weilerswist: Velbrück Wissenschaft.
Lipp, Wolfgang (1969), „Apparat und Gewalt. Über Herbert Marcuse", in: *Soziale Welt*, 20(3), S. 274–303.
Lohmann, Hans-Martin (1987), „Günther Anders, der Atomstaat und das Gewalttabu", in: *Günther Anders antwortet. Interviews & Erklärungen*, hg. v. Elke Schubert, Berlin: Edition TIAMAT, S. 7–15.
Lohmann, Margret (1996), *Philosophieren in der Endzeit. Zur Gegenwartsanalyse von Günther Anders*, München: Fink.
Löwith, Karl (1988), „Theorie und Praxis als philosophisches Problem", in: ders., *Hegel und die Aufhebung der Philosophie im 19. Jahrhundert – Max Weber* (*Sämtliche Schriften*, Bd. 5), Stuttgart: Metzler, S. 46–61.
Mahler, Horst (1987), „‚Ist Dein Mut zu töten wirklich so groß?' Offener Brief von Horst Mahler an den Philosophen Günther Anders", in: *die tageszeitung*, 16. Juli, S. 5.
Malm, Andreas (2020), *Wie man eine Pipeline in die Luft jagt. Kämpfen lernen in einer Welt in Flammen*, Berlin: Matthes & Seitz.
Marcuse, Herbert (1979), „Einige gesellschaftliche Folgen moderner Technologie", in: ders., *Aufsätze aus der Zeitschrift für Sozialforschung 1937–1941* (*Schriften*, Bd. 3), Frankfurt a. M.: Suhrkamp, S. 286–319.
— (1996), *Gespräche mit Herbert Marcuse*, Frankfurt a. M.: Suhrkamp.
Martin, Susanne (2013), *Denken im Widerspruch. Theorie und Praxis nonkonformistischer Intellektueller*, Münster: Westfälisches Dampfboot.
Marx, Karl (1983), „Einleitung zu den ‚Grundrissen zur Kritik der politischen Ökonomie'", in: *Marx-Engels-Werke* (MEW), Bd. 42, hg. v. Institut für Marxismus-Leninismus beim ZK der SED, Berlin: Dietz, S. 14–45.
— (1988), „Kritik der Hegelschen Rechtsphilosophie. Einleitung", in: MEW, Bd. 1, 15. Aufl., hg. v. Institut für

Marxismus-Leninismus beim ZK der SED, Berlin: Dietz, S. 378–391.
— (1990a), *Ökonomisch-philosophische Manuskripte*, in: MEW, Bd. 40, 2. Aufl., hg. v. Institut für Geschichte der Arbeiterbewegung Berlin, Berlin: Dietz, S. 467–588.
— (1990b), „Thesen über Feuerbach", in: MEW, Bd. 3, 9. Aufl., hg. v. Institut für Geschichte der Arbeiterbewegung Berlin, Berlin: Dietz, S. 5–7.
— (1998), *Das Kapital. Kritik der politischen Ökonomie. Erster Band. Buch I: Der Produktionsprozeß des Kapitals* (MEW, Bd. 23), 19. Aufl., Berlin: Dietz.
Marx, Karl/Friedrich Engels (1990a), *Die Deutsche Ideologie. Kritik der neuesten deutschen Philosophie in ihren Repräsentanten Feuerbach, B. Bauer und Stirner, und des deutschen Sozialismus in seinen verschiedenen Propheten*, in: MEW, Bd. 3, S. 13–530.
— (1990b), „Manifest der Kommunistischen Partei", in: MEW, Bd. 4, 11. Aufl., hg. v. Institut für Geschichte der Arbeiterbewegung Berlin, Berlin: Dietz, S. 461–493.
Matz, Wolfgang (1992), „Politik der Apokalypse", in: *Text + Kritik* 115, S. 49–57.
McIntyre, Alasdair (2010), „Die Thesen über Feuerbach. Ein Weg, der nicht beschritten wurde", in: Harald Bluhm (Hg.), *Karl Marx/Friedrich Engels: Die deutsche Ideologie* (*Klassiker Auslegen*, Bd. 36), Berlin: Akademie, S. 25–40.
Meyer-Abich, Klaus (1988), „Die Wahrheit in Günther Anders' Irrtum", in: *DIE ZEIT*, Nr. 26, 19. Juni, S. 43.
Mul, Jos de (Hg.) (2014), *Plessner's Philosophical Anthropology. Perspectives and Prospects*, Amsterdam: Amsterdam University Press.
Müller, Christopher John (2016), *Prometheanism. Technology, Culture and Human Obsolescence*, London: Rowman & Littlefield.
— (2019), „From radioactivity to data mining: Günther Anders in the Anthropocene", in: *Thesis Eleven*, 153(1), S. 9–23.
Müller, Marcel (2012), *Von der Weltfremdheit zur Antiquiertheit. Philosophische Anthropologie bei Günther Anders*, Marburg: Tectum.

Nancy, Jean-Luc (2013), *Äquivalenz der Katastrophen (Nach Fukushima)*, Zürich/Berlin: diaphanes.

Nassehi, Armin (2016), „Vertraute Fremde. Eine Apologie der Weltfremdheit", in: *Kursbuch*, Nr. 185, S. 137–154.

Neumann, Gerhard (2003), „Zweite Lese", in: Andreas Bernhard/Ulrich Raulff (Hg.), *Theodor W. Adorno: ‚Minima Moralia' neu gelesen*, Frankfurt a. M.: Suhrkamp, S. 63–65.

Nietzsche, Friedrich (1999), *Der Antichrist*, in: ders., *Kritische Studienausgabe*, Bd. 6, hg. v. Giorgio Colli und Mazzino Montinari, München/Berlin: dtv/de Gruyter, S. 165–253.

Nosthoff, Anna-Verena/Felix Maschewski (2022), „Willkommen in der Wüste des Virtuellen", in: ZEIT ONLINE, 31. Juli, URL: https://www.zeit.de/kultur/2022-07/metaverse-mark-zuckerberg-silicon-valley; zuletzt abgerufen am 12.07.2022.

Oberprantacher, Andreas (2014), „The Desertification of the World: Günther Anders on *Weltlosigkeit*", in: Günter Bischof/Jason Dawsey/Bernhard Fetz (Hg.), *The Life and Work of Günther Anders. Émigré, Iconoclast, Philosopher, Man of Letters*, Innsbruck/Wien/Bozen: Studienverlag, S. 93–103.

Panizza, Oskar (2019), *Die Menschenfabrik*, Hamburg: Hoffman und Campe.

Passig, Kathrin (2019), *Vielleicht ist das neu und erfreulich. Technik. Literatur. Kritik*, Graz: Droschl.

Plessner, Helmuth (1975), *Die Stufen des Organischen und der Mensch. Einleitung in die philosophische Anthropologie*, 3. Aufl., Berlin/New York: de Gruyter.

— (2003a), *Grenzen der Gemeinschaft. Eine Kritik des sozialen Radikalismus*, in: ders., *Macht und menschliche Natur* (*Gesammelte Schriften*, Bd. 5), hg. v. Günter Dux, Odo Marquard und Elisabeth Ströker, Frankfurt a. M.: Suhrkamp, S. 7–133.

— (2003b), „Die Frage nach der Conditio humana", in: ders., *Conditio humana* (*Gesammelte Schriften*, Bd. 8), hg. v. Günter Dux, Odo Marquard und Elisabeth Ströker, Frankfurt a. M.: Suhrkamp, S. 136–189.

— (2003c), „Homo absconditus", in: ders.: *Conditio humana*, S. 353–366.

— (2019), *Philosophische Anthropologie. Göttinger Vorlesung vom Sommersemester 1961*, hg. v. Julia Gruevska, Hans-Ulrich Lessing und Kevin Liggieri, Berlin: Suhrkamp.

Pollmann, Anna (2016), „Im Modus des Als-Ob. Günther Anders und das postmoderne Denken", in: Arndt Engelhardt et al. (Hg.), *Ein Paradigma der Moderne. Jüdische Geschichte in Schlüsselbegriffen. Festschrift für Dan Diner zum 70. Geburtstag*, Göttingen: Vandenhoeck & Ruprecht, S. 351–373.

Popitz, Heinrich (1989), „Epochen der Technikgeschichte", in: ders., *Epochen der Technikgeschichte*, Tübingen: Mohr, S. 9–39.

— (1992), *Phänomene der Macht*, 2. Aufl., Tübingen: Mohr.

Pothast, Ulrich (1988), *Philosophisches Buch. Schrift unter der aus der Entfernung leitenden Frage, was es heißt, auf menschliche Weise lebendig zu sein*, Frankfurt a. M.: Suhrkamp.

Pörksen, Uwe (1989), *Plastikwörter. Die Sprache einer internationalen Diktatur*, Stuttgart: Klett-Cotta.

Putz, Kerstin (2017a), „Improvised Lives: Günther Anders's American Exile", in: Günter Bischof (Hg.), *Quiet Invaders Revisited. Biographies of Twentieth Century Immigrants to the United States*, Innsbruck/Wien/Bozen: Studienverlag, S. 231–241.

— (2017b), „Zufällige Konstanz. Günther Anders' Remigration nach Wien", in: Katharina Prager/Wolfgang Straub (Hg.), *Bilderbuch-Heimkehr? Remigration im Kontext*, Wuppertal: Arco, S. 313–323.

— (2017c), „Verbotene Wörter aus den Wechselstuben des Geistes. Günther Anders über Vokabelaskese", in: Katharina Manojlovic/dies. (Hg.), *Im Rausch des Schreibens. Von Musil bis Bachmann*, Wien: Zsolnay, S. 340–344.

— (2020), „Bild als Beute. Günther Anders' Florenz-Tagebuch", in: *Wiener digitale Revue. Zeitschrift für Germanistik der Gegenwart*, Nr. 1, URL: https://journals.univie.ac.at/index.php/wdr/article/view/2927; zuletzt abgerufen am 12.07.2022.

— (2022), „Selber denken?! Günther Anders als Fabeldichter", in: Günther Anders, *Der Blick vom Turm.*

Fabeln. Mit einem Nachwort von Kerstin Putz, München: Beck, S. 141–159.

Rahmstorf, Stefan (2022), „Klima und Wetter bei 3 Grad mehr. Eine Erde, wie wir sie nicht kennen (wollen)", in: Klaus Wiegandt (Hg.), *3 Grad mehr. Ein Blick in die drohende Heißzeit und wie uns die Natur helfen kann, sie zu verhindern*, München: oekom, S. 13–30.

Reckwitz, Andreas (2017), *Die Gesellschaft der Singularitäten. Zum Strukturwandel der Moderne*, Berlin: Suhrkamp.

Rupp, Hans Karl (1970), *Außerparlamentarische Opposition in der Ära Adenauer. Der Kampf gegen die Atombewaffnung in den fünfziger Jahren. Eine Studie zur innenpolitischen Entwicklung der BRD*, Köln: Pahl-Rugenstein.

Russell, Bertrand/Jean-Paul Sartre (1968), *Das Vietnam-Tribunal oder Amerika vor Gericht*, Reinbek bei Hamburg: Rowohlt.

Saar, Martin (2006), „Walter Benjamin: Zur Kritik der Gewalt", in: Axel Honneth/Institut für Sozialforschung (Hg.), *Schlüsseltexte der kritischen Theorie*, Wiesbaden: VS, S. 113–117.

Saß, Hans-Martin (1968), „Nachwort", in: Bruno Bauer, *Feldzüge der reinen Kritik*, Frankfurt a. M.: Suhrkamp, S. 224–267.

Scheler, Max (1976), „Die Stellung des Menschen im Kosmos", in: ders., *Späte Schriften*, hg. v. Manfred S. Frings, Bern/München: Francke, S. 7–72.

Schlechtriemen, Tobias (2008), „Metaphern als Modelle. Zur Organismus-Metaphorik in der Soziologie", in: Ingeborg Reichle/Steffen Siegel/Achim Spelten (Hg.), *Visuelle Modelle*, München: Fink, S. 71–84.

Schmidt, Hajo (2000), „Technikphilosophie exemplarisch: das Auto", in: Annemarie Gethmann-Siefert/Carl Friedrich Gethmann (Hg.), *Philosophie und Technik*, München: Fink, S. 177–190.

— (2001), „Krieg, Frieden und Gewalt im Denken Johan Galtungs", in: *Leviathan*, 29(4), S. 507–525.

Schmitt, Arbogast (2008), „Kommentar", in: Aristoteles, *Poetik*. Übersetzt und erläutert von Arbogast Schmitt (*Werke in deutscher Übersetzung*, Bd. 5), Berlin: Akademie-Verlag, S. 193–742.

Schmitt, Peter (2021), „Scham im Digitalzeitalter. Zur Aktualität von Günther Anders“, in: *Zeitschrift für kritische Theorie*, Nr. 52/53, S. 170–182.

Schneede, Uwe M. (2006), *Die Kunst des Surrealismus. Malerei, Skulptur, Dichtung, Fotografie, Film*, München: Beck.

— (2020) *Die Kunst der Klassischen Moderne*, 3. Aufl., München: Beck.

Schwarz, Elke (2019), „Günther Anders in Silicon Valley: Artificial intelligence and moral atrophy“, in: *Thesis Eleven*, 153(1), S. 94–112.

Serres, Michel (2009), *Das eigentliche Übel*, Berlin: Merve.

Simmel, Georg (1996), „Der Begriff und die Tragödie der Kultur“, in: ders., *Hauptprobleme der Philosophie. Philosophische Kultur* (*Gesamtausgabe*, Bd. 14), hg. v. Rüdiger Kramme und Otthein Rammstedt, Frankfurt a. M.: Suhrkamp, S. 385–416.

Singer, Peter (2011), *Practical Ethics*. Third Edition, Cambridge (UK): Cambridge University Press.

Sloterdijk, Peter (2002), *Luftbeben. An den Quellen des Terrors*, Frankfurt a. M.: Suhrkamp.

Stern, William (1906), *Person und Sache. System der philosophischen Weltanschauung. Erster Band: Ableitung und Grundlehre*, Leipzig: Barth 1906.

— (1918), *Person und Sache. System der philosophischen Weltanschauung. Zweiter Band: Die menschliche Persönlichkeit*, Leipzig: Barth 1918.

— (1924), *Person und Sache. System des kritischen Personalismus. Dritter Band: Wertphilosophie.* Mit einem Geleitwort zu Band I, II, III, Leipzig: Barth 1924.

Stölken-Fitschen, Ilona (1995), *Atombombe und Geistesgeschichte. Eine Studie der fünfziger Jahre aus deutscher Sicht*, Baden-Baden: Nomos.

Thoreau, Henry David (2004), *Über die Pflicht zum Ungehorsam gegen den Staat. Civil Disobedience. Ein Essay.* Zweisprachige Ausgabe, Zürich: Diogenes.

Ursprung, Philip (2013), *Die Kunst der Gegenwart. 1960 bis heute*, 3. Aufl., München: Beck.

Walker, Stephen (2005), *Hiroshima. Countdown der Katastrophe*, München: Bertelsmann.

Weber, Max (1968), „Die drei Typen der legitimen Herrschaft", in: ders., *Gesammelte Aufsätze zur Wissenschaftslehre*, 3. Aufl., hg. v. Johannes Winckelmann, Tübingen: Mohr, S. 475–488.

— (1984), *Soziologische Grundbegriffe*, 6. Aufl., Tübingen: Mohr (UTB).

— (1988), *Die protestantische Ethik und der Geist des Kapitalismus*, in: ders., *Gesammelte Aufsätze zur Religionssoziologie I*, 1.–9. Aufl., Tübingen: Mohr (UTB), S. 17–206.

Wette, Wolfram (1998), „Von der Anti-Atombewegung zur Friedensbewegung (1958–1984)", in: Michael Salewski (Hg.), *Das nukleare Jahrhundert. Eine Zwischenbilanz*, Stuttgart: Steiner, S. 174–187.

Wiesenberger, Berthold (2003), *Enzyklopädie der apokalyptischen Welt. Kulturphilosophie, Gesellschaftstheorie und Zeitdiagnose bei Günther Anders und Theodor W. Adorno*, München: Utz.

Wittulski, Eckhard (1992), „Moral bricht Legalität. Günther Anders' Thesen zur Gewalt", in: *Text + Kritik* 115, S. 39–48.

Wolin, James (2003), *Heidegger's Children. Hannah Arendt, Karl Löwith, Hans Jonas, and Herbert Marcuse*, Princeton: Princeton University Press.

Zill, Rüdiger (2015), „Vom Verschwinden des Menschen. Günther Anders' negative Anthropologie", in: Marc Rölli (Hg.), *Fines hominis? Zur Geschichte der philosophischen Anthropologiekritik*, Bielefeld: transcript, S. 159–175.

— (2019), „Die Diktatur der Maschinen und die Antiquiertheit des Menschen", in: Kevin Liggieri/ Oliver Müller (Hg.), *Mensch-Maschine-Interaktion. Handbuch zu Geschichte – Kultur – Ethik*, Stuttgart: Metzler, S. 81–87.

Drucknachweise

1. Einleitung: Zur Aktualität von Günther Anders. *Originalbeitrag.*

2. Wie man philosophische „Schreckbilder" malt. Zu Günther Anders' Theoriebegriff und Methode – *basiert auf* „Diese akademische Diktion trägt nicht." Theorie als kritische (Sprach-)Praxis bei Günther Anders, in: *Aufklärung und Kritik*, 20(2), 2013, S. 138–154.

3. Technischer Totalitarismus. Macht, Herrschaft und Gewalt bei Günther Anders – *neu zusammengestellt aus* Technischer Totalitarismus. Macht, Herrschaft und Gewalt bei Günther Anders, in: *Etica & Politica/ Ethics & Politics* XV, 2013, S. 175–198 *und* „Nukleare Zeitbomben mit unfestgelegtem Explosionstermin." Günther Anders und der Kalte (Atom-)Krieg, in: Patrick Bernhard/Holger Nehring (Hg.), *Den Kalten Krieg denken. Beiträge zur sozialen Ideengeschichte seit 1945* (*Frieden und Krieg. Beiträge zur historischen Friedensforschung*, Bd. 19), Essen: Klartext-Verlag 2014, S. 63–87.

4. Günther Anders und die 68er-Bewegung. Synoptisches Mosaik, in: Jens Bonnemann/Paul Helfritzsch/Thomas Zingelmann (Hg.), *1968. Soziale Bewegungen, geistige WegbereiterInnen*, Springe: zu Klampen 2019, S. 83–101.

5. Von Menschen, Flundern und letzten Dingen. Günther Anders' negative Menschenkunde der Moderne, in: Hannes Bajohr/Sebastian Edinger (Hg), *Negative Anthropologie. Ideengeschichte und Systematik einer unausgeschöpften Denkfigur*, Berlin: de Gruyter 2021, S. 147–172.

Vincent von Wroblewsky
ad Jean-Paul Sartre
Zur Freiheit verurteilt
205 Seiten, Klappenbroschur
ISBN 978-3-86393-131-5
Auch als E-Book erhältlich

Micha Brumlik
ad Ernst Bloch
Naturrecht und menschliche Würde
90 Seiten, Klappenbroschur
ISBN 978-3-86393-134-6
Auch als E-Book erhältlich

Alexander v. Brünneck,
Horst Dreier & Michael Wildt
ad Ernst Fraenkel
Der Doppelstaat
112 Seiten, Klappenbroschur
ISBN 978-3-86393-113-1
Auch als E-Book erhältlich

www.europaeischeverlagsanstalt.de

Horst Dreier
ad Hans Kelsen
Rechtspositivist und Demokrat
143 Seiten, Klappenbroschur
ISBN 978-3-86393-114-8
Auch als E-Book erhältlich

Alfons Söllner
ad Hannah Arendt
Elemente und Ursprünge
totaler Herrschaft
136 Seiten, Klappenbroschur
ISBN 978-3-86393-117-9
Auch als E-Book erhältlich

Werner Renz
ad Hannah Arendt
Eichmann in Jerusalem
Die Kontroverse um den Bericht
»von der Banalität des Bösen«
191 Seiten, Klappenbroschur
ISBN 978-3-86393-125-4
Auch als E-Book erhältlich

www.europaeischeverlagsanstalt.de